Salvio Kotter
Nicodemos Sena

José Genoino
Uma Vida Entrevista

KOTTER
EDITORIAL

LetraSelvagem

Grafia atualizada segundo o Acordo Ortográfico da Língua Portuguesa de 1990, que entrou em vigor no Brasil em 2009.

Coordenação editorial: Salvio Kotter / Nicodemos Sena
Editores Executivos: Claudecir de Oliveira Rocha / Marli Perim
Design editorial (capa): Jussara Salazar
Design editorial (miolo): Marli Perim
Preparação de originais e revisão: Salvio Kotter / Nicodemos Sena

Dados Internacionais de Catalogação na Publicação (CIP)
Angélica Ilacqua – CRB-8/7057

Kotter, Salvio; Sena, Nicodemos,
José Genoino, uma vida entrevista / Salvio Kotter, Nicodemos Sena
Taubaté, SP: Letra Selvagem; Curitiba, PR: Kotter Editorial, 2024.
1ª ed. - 208 p.
ISBN 978-65-5361-318-8 (Kotter Editorial)
ISBN 978-65-89841-27-2 (Letra Selvagem)

1. Biografias 2. Política – História
I. Título. CDD 920

KOTTER EDITORIAL
Rua das Cerejeiras, 194 - Curitiba-PR. CEP 82.700-510. Brasil.
Tel. +55(41)3585-5161
www.kotter.com.br
contato@kotter.com.br

LETRA SELVAGEM
Rua Carmem Miranda, 161, Bela Vista – Pindamonhangaba-SP.
CEP 12.412-410. Brasil.
Tel. +55(12)99203-3836
www.letraselvagem.com.br
edirtoraelivrarialetraselvagem@gmail.com

SUMÁRIO

SIGLAS UTILIZADAS

AABB-Associação Atlética do Banco do Brasil
ACM-Antônio Carlos Magalhães
AI-5-Ato Institucional Nº 5
AIDS-Síndrome da Imunodeficiência Adquirida
ALCA-Área de Livre-Comércio das Américas
AP-Ação Popular
ACISO-Ação Cívico-Social
BMG-Banco de Minas Gerais
CBN-Central Brasileira de Notícias
CCJ-Comissão de Constituição e Justiça
CEU-Clubes dos Estudantes Universitários
CLT-Consolidação das Leis do Trabalho
CPI-Comissão Parlamentar de Inquérito
CQC-Custe o Que Custar
DCE-Diretório Central dos Estudantes
DOPS-Departamento de Ordem Política Social
DOI-CODI-Destacamento de Operação Interna/Centros de Operações e Defesa Interna
EUA-Estados Unidos da América
FARC-Forças Armadas Revolucionárias da Colômbia
FIEMG-Federação das Indústrias do Estado de Minas Gerais
IBM-International Business Machines Corporation
ISEB-Instituto Superior de Estudos Brasileiros
JAC-Juventude Agrária Católica
JEC-Juventude Estudantil Católica
JOC-Juventude Operária Católica
MDB-Movimento Democrático Brasileiro
MOLIPO-Movimento de Libertação Popular
MST-Movimento dos Trabalhadores Rurais Sem Terra
OBAN-Operação Bandeirantes
OTAN-Organização do Tratado do Atlântico Norte
PCB-Partido Comunista Brasileiro
PCC-Primeiro Comando da Capital
PCdoB-Partido Comunista do Brasil
PEC-Projeto de Emenda Constitucional
PFL-Partido da Frente Liberal
PIC-Pelotão de Investigações Criminais
PL-Partido Liberal
PMDB-Partido do Movimento Democrático Brasileiro

PRC-Partido Revolucionário Comunista
PSD-Partido Social Democrático
PSDB-Partido da Social Democracia Brasileira
PSOL-Partido Socialismo e Liberdade
PT-Partido dos Trabalhadores
PTB-Partido Trabalhista Brasileiro
SESC-Serviço Social do Comércio
STF-Supremo Tribunal Federal
SUS-Sistema Único de Saúde
TELESP-Telecomunicações de São Paulo
TSE-Tribunal Superior Eleitoral
UDN-União Democrática Nacional
ULDP-União pela Liberdade e pelos Direitos do Povo
UNASUL-União das Nações Sul-Americanas
UNE-União Nacional dos Estudantes
UnB-Universidade de Brasília
USP-Universidade de São Paulo
UTI-Unidade de Terapia Intensiva

PREÂMBULO

O conflito não deve ser calado, mas sim civilizado.

Porque a democracia é a institucionalização do conflito, do contraditório, da luta de classes. Creio numa democracia do conflito. (...) O ser humano é do conflito, o conflito é criador, até a harmonia vem do conflito. (...) A revolução transcende a mera efemeridade de um momento, uma data ou um evento isolado. Não se limita à tomada de um palácio, à deflagração de uma greve geral ou ao resultado de uma eleição.

A revolução, em sua essência, é um estado de luta incessante, de conflito permanente, de experimentação contínua e de persistência em trilhar novos caminhos. É uma postura de inconformismo, uma atitude de rebeldia, um programa de transformação e uma estratégia de ação.

Urge resgatarmos o verdadeiro significado da palavra "revolução". Ela está intrinsecamente ligada à revolta, à rebeldia, à transformação do *status quo* e à compreensão do conflito como elemento inerente à sociedade humana em constante movimento. A utopia de uma sociedade perfeita é falaciosa. Não existe sociedade perfeita, ser humano perfeito ou paz eterna, pois a própria essência humana se ancora no conflito. Desde o nascimento, quando clamamos pelo leite materno, já demonstramos nossa capacidade de reivindicar e lutar por nossos direitos. (...) Qualquer política que tente domar, subjugar, domesticar ou coagir o ser humano é ilegítima.

É preciso avançar abraçando as diferenças, em um processo de organização conflituosa. A sociedade humana necessita de uma estrutura que acolha o conflito, que, em última instância, conduza a uma sociedade auto-organizada, sem a necessidade do Estado.

JOSÉ GENOINO

José Genoino
Uma Vida Entrevista

01

Começando a prosa

Sou sobrevivente de uma geração que praticou o ato heroico máximo, o de arriscar a vida em função de uma causa. Todos nós abraçamos essa contingência, aceitamos o risco de morrer de uma morte que nos relegaria à sombra do esquecimento, destino que de fato alcançou muitos dos valentes camaradas no Araguaia.

Imbuído por essa realidade, abracei a missão de contribuir para a preservação das memórias das batalhas empreendidas pela esquerda; faço isso pelo povo e pela história nacional. Assim, após libertar-me das agruras de um cárcere que me consumiu por intensos cinco anos, período no qual fui vítima de angustiante tortura, assumi, já na posição de docente em um curso pré-vestibular na cidade de São Paulo, o firme propósito de engajar-me em todas as frentes possíveis para resgatar essas memórias. O espectro dessa ocultação, com o qual convivi, mostrou-se determinante, pois a memória exerce um poder revolucionário, um poder de moldar o presente e forjar o futuro — apenas aqueles que conhecem suas raízes podem discernir seus destinos.

Com tal compreensão, envolvi-me em uma multiplicidade de projetos. A mais árdua iniciativa, contudo, foi a minha primeira ação: a dolorosa diligência de procurar os familiares dos companheiros tombados no Araguaia para, com o coração apertado, informá-los de que, ao que tudo indicava, seus entes queridos haviam perecido. Essa responsabilidade destacou-se, entre todas, como a mais desafiadora e aflitiva.

Lanço-me a esta narrativa tal como entendo que ela precisa ser forjada: visando o inédito, e assumindo a postura de alguém subversivo, mas no nobre sentido de desafiar o *status quo* — só dessa maneira a empreitada pode se revestir do significado autêntico que o leitor merece.

02

Tempos difíceis

Vivi a dolorosa experiência da fome. Foi pontual, durante a seca de 1958. Como filho mais velho de um lavrador, me cabia trabalhar na roça com meu pai. E ele não era o dono da terra onde trabalhávamos; produzia como meeiro, ou seja, sobrevivíamos com metade do que produzíamos na terra.

Todas as secas do Nordeste geram alguma tragédia social, mas a seca de 1958 foi especialmente terrível. Foi nela que conheci o flagelo da fome. Para tentar afastar da fome a mim e a minha família, eu carregava água de longas distâncias em troca de alguns miúdos. Muitas vezes em troca de comida.

Como o Encantado, pacato local de meu nascimento, sempre foi e continua sendo uma fração do município de Quixeramobim, fui trabalhar na barragem. Estava eu aos doze anos de idade engajado na construção daquela barragem de Quixeramobim, empenhado na fatigante tarefa de quebrar pedras. Registravam-se diligentemente os dias de trabalho, e minha paga vinha na forma de alimentos: feijão, arroz e rapadura constituíam o escasso pagamento.

A barragem, construída pelo governo de Juscelino Kubitschek durante a seca de 1958, visava mitigar os efeitos da seca. Eu e meu pai viajávamos de trem, direto do Encantado até a sede de Quixeramobim. Não tínhamos dinheiro para pagar a passagem, mas a gente entrava no trem e só saía em Quixeramobim, ida e volta. Eu e meu pai trabalhamos nas paredes da barragem, quebrando pedra com o pessoal. Como sou o mais velho, era o único dentre os filhos que o acompanhava.

Eram três escalas. Saíamos a pé da comunidade de Várzea Redonda, um lugar muito afastado, onde morava minha família desde o tempo de meu avô e minha avó maternos, em direção ao

Encantado, que era uma vila do município de Quixeramobim. Lá, embarcávamos no trem em direção à sede do município.
causa e isso foi fonte de sentimentos múltiplos, inclusive os de posse e até de ciúme. Quando me tornei conhecido e famoso, ela dizia: "É, mas quando eu estava sofrendo por sua causa eu era humilhada". Era relação de apego, mas também de culpa: quando passei pelas injustiças que passei relativas ao chamado Mensalão, ela passou a interpretar que tudo aquilo era uma espécie de punição por ela ter engravidado antes do casamento. Ela é muito religiosa...

Havia Igreja Católica na vila do Encantado, na comunidade de Várzea Redonda não. Mas hoje tem, pois minha mãe, que já fazia novena, acabou conseguindo levar missa pra lá. Naquele tempo só periodicamente havia missa no Encantado, celebrada pelo padre Salmito, que já vai entrar nesta história. No dia 6 de janeiro íamos à Romaria dos Reis Magos e todo 19 de março íamos à Romaria de São José, por causa da seca.

03

Predestinado

A injustiça e a coação, que conheci muito cedo, ficavam ainda mais evidentes quando ia a Senador Pompeu, a cidade mais próxima. A "peixeira" — espécie de faca desenvolvida inicialmente para cortar peixe, que passou a ter utilização mais ampla, inclusvie para cortar gente — era parceira inseparável daqueles sertanejos, mas os camponeses não podiam entrar de faca naquela cidade. Distraídos, acabavam entrando e aí a polícia humilhava muito aqueles honestos camponeses. Aquilo me embrulhava, até porque meu pai era um camponês tão analfabeto quanto aqueles homens. Aquilo era muito forte para mim, revoltante, doía fundo. Havia naquilo uma questão social, de classe.

Quanto a mim, creio que fui um pouco privilegiado em relação a esses camponeses, talvez por um viés de caráter psicológico. Como filho primogênito e neto mais velho, percebia um maior bem-querer em relação a mim. Ser alfabetizado era como que uma sublimação. Eu levava isso comigo: sabia ler! Eu ia para a igreja e o padre me emprestava livros, e andar com livros, ler livros, representava status grande naquele sertão ardido.

Naquela comunidade camponesa, o filho mais velho estava destinado a realizar o desejo dos mais velhos, fazer aquilo que eles não conseguiam. Criou-se certa expectativa de que eu poderia realizar aquilo que cada um desejava. Isso se materializou quando me tornei conhecido, eles tomavam isso como uma realização deles em mim. De fato, os colegas da infância, com quem conversei recentemente ao voltar lá, os tios, as tias e pessoas da minha idade imaginavam que eu podia mesmo ser o predestinado.

Como minha mãe, que foi quem me alfabetizou, queria que eu fosse adiante, pude cursar o curso primário no Encantado. Sim, minha mãe foi muito importante em tudo. Ela era professora primária e a escola era na nossa casa. Isso tudo me influenciou diretamente.

No começo, minha mãe dava aulas sem ganhar nada; só na década de 1970 é que foi contratada. Assim, aprendi a ler em casa, na improvável Várzea Redonda. Depois cursei da primeira à quarta série no grupo escolar do Encantado. Minha professora Josélia está viva até hoje, encontrei-me com ela quando fui lá, recentemente.

Terminado o curso no Encantado, era preciso continuar, e então fui fazer o ginásio em Senador Pompeu, para onde me mudei. Para tanto, valeu-me o padre Salmito, pois sem seu apoio eu não teria como me manter lá. Era o padre Salmito quem celebrava missa no Encantado e, por indicação da professora Josélia, havia me aceitado como sacristão. Aliás, foi ele quem se ofereceu para me levar para Senador Pompeu, onde, trabalhando para a Igreja, eu teria "direito" a comer e morar na casa paroquial.

Acontece que em Senador Pompeu não havia ginásio público. Os dois colégios, o Cristo Redentor e o Nossa Senhora das Dores, cujos nomes apontam para o caráter religioso, eram privados. Mas quem passasse no exame de admissão recebia uma bolsa de estudo do governo. Fiz o exame nos dois colégios. Passei em ambos e recebi a bolsa de estudo. Cursei o ginásio em Senador Pompeu.

Foi um tempo rico, de muito aprendizado e de casos e acasos. Um episódio engraçado se deveu ao fato de eu ser o sacristão e, como tal, quando morria uma pessoa, cabia-me tocar o sino da igreja. Havia dois toques distintos para anunciar mortos; se a mulher era virgem ou o homem era solteiro, dava-se, de forma intercalada, uma pancada: Tã! Quando o morto ou a morta eram casados, duas pancadas: Tã! Tã! Isso durante o cortejo fúnebre, até que o corpo chegasse ao cemitério.

Aí morreu uma filha de Maria, senhora muito idosa. Fui tocar o sino e toquei como se a falecida fosse casada. Resultou na maior crise com as filhas de Maria, que pediram minha cabeça ao padre Salmito, mas tudo se resumiu a uma doce e fraterna: "Olha, meu filho, você precisa ter cuidado, pois aqui tem filha de Maria, Congregação Mariana".

Pelo fato de morar com o padre, ganhei alguma ascensão social: eu dirigia o carro do padre, visitava as comunidades para a missa... Fui virando um personagem, e isso exaltava em mim a sensação de que eu havia saído da miséria que era a roça. A cidade para mim era uma meta, exatamente por representar a negação da roça. Foi em Senador Pompeu que pela primeira vez calcei um sapato; mas, e eu lá sabia andar de sapatos? Senti na pele a humilhação pela qual passam os camponeses...

Padre Salmito foi um grande protetor. Ele tinha uma visão progressista, envolvida com os pobres, era do Concílio Vaticano Segundo, e ali criou a JAC (Juventude Agrária Católica), a JEC (Juventude Estudantil Católica), a JOC (Juventude Operária Católica). Eu participava entusiasmado destes movimentos.

04

A religião ensejou a política

Conduzido pelo padre Salmito abracei uma militância social por meio dos sindicatos rurais, ao mesmo tempo em que me envolvia nos eventos promovidos pela JAC (Juventude Agrária Católica) no sertão cearense. Esse engajamento ocorreu durante os anos em que vivi em Senador Pompeu, antes de migrar para Fortaleza, a capital. No percurso desse ativismo, tive o privilégio de conhecer Frei Betto e Frei Tito durante um congresso em Campina Grande. As viagens também me levaram ao Recife, onde tive o honor de me encontrar com Dom Hélder Câmara, uma figura preeminente da prelazia nordestina. Eu me movia em círculos que propiciavam o contato com novas ideias e experiências, algo que me enchia de entusiasmo. O padre Salmito revelou-se não apenas um protetor, mas também um verdadeiro catalisador da minha incursão pela vida urbana, intelectual e política que passei a desfrutar.

Ser jocosamente chamado de "filho do padre" não representava nada ante tudo isso. Padre Salmito era uma pessoa impressionante. Eu era bem mais novo do que ele, mas a nossa relação era muito madura. Ele se abria, contava tudo para mim. Tendo eu nascido e até então vivido no interior, era um matuto, como se diz no interior do Ceará. Mas, pelo convívio com minha mãe e pelos tempos de Encantado, um matuto já meio traquejado.

Padre Salmito havia acabado de chegar à paróquia de Senador Pompeu, era bem novo lá, e fazia todo um trabalho social nas comunidades rurais, como no Encantado e noutros lugares. Ele substituiu um padre muito interessante, o padre Odilo, que participava diretamente da política. Tinha sido vigário, mas tinha terra, fazenda e fora prefeito de Senador Pompeu. Não era exatamente um progressista, mas militava. Para um cara que, como eu, saiu da roça, esse meio social em Senador Pompeu se mostrava de um interesse inenarrável.

Aquela minha ida para Senador Pompeu deveu-se também a uma feliz coincidência depois de uma frustração: era para eu ir para a casa da irmã do meu pai, que tinha um nível econômico melhor, em Belo Horizonte, mas isso acabou não acontecendo. Como deu errado, eu ficaria sem estudar, mas padre Salmito me convidou para ficar na casa paroquial de Senador Pompeu. Eu circulava com o padre Salmito na sociedade civil de Senador Pompeu: Prefeitura, médicos, Banco do Brasil, AABB (Associação Atlética do Banco do Brasil) etc. Ia com o padre fazer missa, extrema-unção.

Padre Salmito era um pároco muito avançado para sua época. Por exemplo, não se recusava a fazer celebração no cabaré, e lá ia eu com ele. Foi nesse período que "perdi minha virgindade", na zona. O padre ia celebrar as missas nos cabarés e como eu ia com ele, juntava o útil com o agradável...

Mais tarde o padre Salmito abandonou a batina e se casou, teve três filhos, sempre foi um cara muito aberto, ultra amigo, com quem me encontrei há um ano, e ele me tratou com extrema consideração. Sempre foi muito solidário quanto a tudo o que aconteceu comigo, seja quando eu estava preso, seja na guerrilha e em todo o período do meu desaparecimento. Nossa relação sempre foi muito madura. Nosso diálogo, muito franco, sincero. Eu até perguntava para ele: "Como é que você aguenta ouvir aqueles segredos das mulheres no confessionário?". Outra coisa que acabou me favorecendo se deveu ao fato de que ele tinha excelente relação com vários padres da região de Pedra Branca, Iguatu, Milhã e outras comunidades vizinhas. Todos eram do Concílio Vaticano Segundo, um encontro ecumênico da Igreja Católica, realizado entre 1962 e 1965, que promoveu a renovação litúrgica, teológica e pastoral, fomentando o diálogo com o mundo moderno e outras religiões.

Se ele se manteve celibatário durante todo seu sacerdócio, não posso dizer. Ele não se abria comigo sobre estas questões, assim como eu também não me abria com ele. A gente mantinha essa área sensível fora de nossas conversas. Mas ele era muito digno comigo; era e é (pois ainda está vivo). Pessoa muito especial. Por exemplo, conheci São Paulo em 1964, viajando com ele no seu Jeep amarelo. Eu dirigia o Jeep, ele e eu, mesmo eu não tendo carteira de motorista. Eu convivia num ambiente muito politizado e arejado, porque havia outros com quem padre Salmito mantinha contato; um destes, de Fortaleza, era muito amigo do Frei Tito. Através desse padre conheci Frei Tito e Frei Betto, que estavam no congresso da JEC em Campina Grande. E importa ressaltar que em 1964 havia o jornal *Brasil Urgente*, que era vinculado à esquerda católica. Eu era muito jovem circulando nesse meio; padre Salmito era como uma ponte.

Cerca de estacas no Encantado, onde nasceu José Genoino (1946)

05

Enfim, na capital.

Terminei o ginásio em Senador Pompeu. E agora, como daria continuidade aos estudos? Precisava ingressar no ensino médio. Afortunadamente, os pais do padre Salmito residiam em Fortaleza, e foi ele quem habilmente me abriu as portas em direção à capital. Padre Salmito viabilizou minha inserção numa residência de amigos seus, criando, assim, a oportunidade para que eu empreendesse o prosseguimento de meus estudos no ambiente adequado de Fortaleza.

Eu já conhecia Fortaleza, porque padre Salmito viajava muito para lá, onde se encontrava com outros padres e outras pessoas, fazia seminário, palestras. A família dele era aberta, progressista. Eu viajava com ele.

Com o tempo, a família que o padre arrumou começou a tornar-se complicada para mim, pois eu era tratado, a um só tempo, como criado e como “filho”. Aí, para complicar ainda mais, o filho do chefe da família morreu num acidente horrível, e isso gerou uma crise muito grande na família. De uma hora para outra, vi-me metido naquela crise familiar. A situação foi pesando cada vez mais.

Nessa mesma época, a gente formou em Fortaleza um grupo, que ficou conhecido como *Pimentinha*, composto por jovens que liam Sartre, Camus... E nesse grupo estava a Leucimar, professora de francês, que se tornou minha amante, apesar de ter idade para ser minha mãe.

A hospedagem e a comida eu pagava trabalhando para a família: eu lavava louça, limpava a casa e fazia outros serviços afins; era, como disse, uma espécie de criado, e às vezes trabalhava no escritório do dono da casa. Enquanto isso, devido à perda do filho, a situação só ia ficando mais e mais tensa, afinal, eu já estava com 17 anos e começava a ter aspirações.

Graças aos amigos do grupo Pimentinha, que garantiram a minha sobrevivência, saí dessa casa, com uma mão na frente e outra atrás, para ir morar numa pensão. Foi nesse movimento, ainda antes de entrar na Universidade, que conquistei um emprego na *International Business Machines Corporation*, a famosa IBM, que estava contratando jovens para digitação, por meio de um contrato temporário. Contudo, ao término do meu contrato, a IBM contratou-me como funcionário efetivo. Fiquei lá por um ano.

Minha consciência social começou a ser despertada já na seca de 1958, mas minha consciência política aflorou mesmo em Fortaleza, no contato com Frei Tito, padres e seminaristas da Igreja do Rosário, nas conversações do grupo Pimentinha e demais vertentes do pensamento de esquerda. Neste ponto que a palavra *esquerda* entrou na minha vida, ainda que sem estar vinculada a algum partido.

Foi nesse momento crucial que um dilema existencial se impôs, deixando marcas profundas e atormentando-me: dedicar-me aos estudos e alcançar o título de doutor para, assim, libertar minha família da labuta rural e da pobreza, ou trilhar o caminho da política, visando o bem-estar da sociedade como um todo? E isso apesar de ainda não ter clareza sobre qual seria essa "saída política". A questão martelava incessantemente em minha mente, sem encontrar trégua. E essa angústia se intensificou de vez com meu ingresso na universidade,

Resolvi abandonar tudo. E a decisão de abandonar tudo foi um verdadeiro drama, pois carregava comigo o peso do compromisso e da esperança de minha família. Conciliar estudos e trabalho me permitia, de certa forma, conviver com o dilema: receber meu primeiro salário, alugar um pequeno apartamento em Fortaleza e trabalhar na IBM, que em 1966 representava o ápice para um jovem de 17 anos, com uma remuneração generosa. Afinal, havia me tornado um proletário, um trabalhador...

Vivendo sozinho em um apartamento, eu tinha a liberdade de celebrar e viver sem maiores restrições. Durante esse tempo, mantinha a convicção de que as aspirações dos meus pais, que ansiavam pela minha formação acadêmica avançada, estavam a caminho de serem concretizadas. Mensalmente, fazia questão de enviar-lhes uma modesta quantia em dinheiro.

Minha irmã Laíde, que atualmente reside no Encantado com minha mãe e é a mais próxima de mim, trilhou um caminho semelhante ao meu: formou-se professora em Senador Pompeu. Estive presente em sua formatura. No entanto, meu distanciamento da família já estava delineado e se concretizou quando ingressei na universidade em 1967. Isso porque havia concluído o ensino médio por meio do Art. 99, conhecido como "Madureza", que permitia a conclusão do que hoje chamamos de Ensino Médio em apenas um ano. Em seguida, prestei vestibular e fui aprovado para a Faculdade de Filosofia.

Ao tomar conhecimento da minha escolha, os funcionários da IBM questionaram: "Filosofia?". Era compreensível que estranhassem, afinal, estavam investindo em mim e seria natural que eu optasse por um curso relacionado às atividades da empresa, como administração ou engenharia. Ficou aquela interrogação no ar.

Fortaleza sempre se caracterizou por ser uma cidade aberta a novas ideias. Ao ingressar na Faculdade de Filosofia, deparei-me com um movimento social efervescente. Recordo-me de um show de Gilberto Gil e de uma apresentação de Walmor Chagas. Não é por acaso que Fortaleza já teve duas prefeitas, Maria Luíza Fontenele e Luizianne Lins, ambas filiadas ao Partido dos Trabalhadores (PT). E mais, o pai de Tasso Jereissati, Carlos Jereissati, foi deputado federal e senador da República pelo Ceará, sempre com postura progressista. Mesmo o deputado federal Martins Rodrigues, oriundo de família tradicional, era progressista, a ponto de ser cassado em 1969 pelo Ato Institucional nº 5 (AI-5) da ditadura militar instaurada em 1964. Isso era Fortaleza.

No entanto, Fortaleza representou para mim um ponto de passagem. Tudo aconteceu de forma acelerada. Deixei o Encantado e me lancei ao mundo. Permaneci em Fortaleza por cerca de três ou quatro anos. Cursei dois anos em uma faculdade e um ano em outra: acabei expulso de ambas.

Logo após meu ingresso na faculdade, houve uma convenção para escolher o candidato à presidência do Centro Acadêmico. Meu nome foi incluído na lista, mas hesitei, pois o antigo dilema voltou a me atormentar: se eu me envolvesse com a política estudantil, como ficaria o compromisso com minha família no Encantado? Apesar da minha relutância, acabei eleito. Até então, tudo corria bem. Eu trabalhava na IBM à noite e "folgava" durante o dia para participar de passeatas. Em uma dessas ocasiões, houve um confronto com a polícia e, coincidentemente, a passeata passou em frente à IBM. Lá estávamos nós, em meio à confusão. No dia seguinte, o gerente, que era uma pessoa razoável, me chamou em sua sala e disse: "Investimos em você para que se tornasse um funcionário da IBM, mas esse seu caminho está criando problemas. Mesmo assim, vou lhe dar uma chance. Você irá para o Rio de Janeiro fazer um curso de programador". Respondi: "Rapaz, já fui longe demais, não há como voltar atrás". Ele então disse: "Bem, como você sempre trabalhou muito bem e gostamos de você, vou demiti-lo para que possa receber seus direitos e garantias". Assim foi feito.

Após ser demitido, mergulhei de cabeça na luta política, como se estivesse me juntando a uma guerrilha. Passei a morar em uma casa estudantil, onde mal tinha espaço para guardar minhas roupas. Almoçava no restaurante universitário. Na virada de 1967 para 1968, já estava plenamente engajado no Partido Comunista do Brasil (PCdoB).

Devo minha aproximação e engajamento ao PCdoB a Pedro Albuquerque, um amigo da faculdade que também se juntou à Guerrilha do Araguaia e acabou preso, mas sobreviveu e ainda hoje está vivo. Sua esposa não teve a mesma sorte: sobreviveu à guerrilha, mas faleceu em decorrência da Covid-19.

O PCdoB era muito forte em Fortaleza, controlava os centros acadêmicos e promovia atividades culturais. Passei a nutrir simpatia pelo partido ao conviver com seus membros. Aí, quando Pedro Albuquerque me convidou, aceitei de imediato.

Em 1968, eu já havia lido muita literatura marxista, Sartre, Camus, *A metamorfose* de Kafka, além de obras progressistas da Igreja Católica, como a encíclica "Rerum Novarum" do Papa João XXIII e "Ascensão e Queda do Ocidente", do grupo do Frei Carlos Josafhat. Essa literatura me proporcionou um conhecimento de esquerda, de modo que minha entrada no PCdoB foi uma escolha consciente. Foi nesse momento que decidi mudar de faculdade. Prestei novo vestibular e ingressei no curso de Direito.

Era início de 1968, o PCdoB não tinha um nome capaz de ganhar a eleição para o DCE (Diretório Central dos Estudantes) do Direito. Havia lá três forças de esquerda: o PCdoB, a AP (Ação Popular) e os trotskistas. Concordei em ser o candidato do PCdoB e fui eleito. A estas alturas, eu já estava 180 por hora, dirigindo passeatas, manifestações. Teve uma manifestação que juntou 30 mil na qual queimamos o escritório da USI, uma agência de propaganda e treinamento de quadros dos EUA (Estados Unidos da América), e, por causa disso, fomos processados. Como presidente do DCE, eu era a principal liderança estudantil do Ceará. Logo, participar do Congresso de Ibiúna-SP fazia parte do esperado, do indiscutível.

06

Rumo à clandestinidade

A repressão desceu como um raio. No fatídico 13 de dezembro de 1968 em que o AI-5 foi decretado pelos militares, eu me encontrava na residência do Sérgio Miranda, um camarada do PCdoB que ainda não havia sido "queimado", ou seja, sua ficha permanecia imaculada nos arquivos policiais. Ex-deputado federal, ele vivia em Belo Horizonte, apesar de suas raízes cearenses. Juntos, assistimos à leitura do ato institucional que mudaria o curso da nossa história: "A partir de amanhã, haverá prisões. Você precisa desaparecer", alertou-me Sérgio, com a voz carregada de urgência. "Tudo bem", respondi, "mas preciso me despedir dos estudantes."

No dia seguinte, sábado, dirigi-me ao restaurante universitário e, num gesto simbólico, subi na mesma mesa em que Belchior realizara sua primeira apresentação musical. Era hora do almoço. Diante da plateia de estudantes, anunciei minha partida iminente. Naquela época, artistas como Belchior, Chico Buarque, entre tantos outros, trilhavam os caminhos da academia e se engajavam nas lutas sociais. Conheci Belchior nesse contexto. O dia 14 de dezembro de 1968 marcou meu último dia "oficial" em Fortaleza. Permaneci na cidade por mais dez dias, clandestino, buscando refúgio em diferentes casas. Uma delas pertencia a uma prima de Sérgio Mitranda, também militante do PCdoB. No Natal daquele ano, encontrei abrigo na casa da irmã de Frei Tito, onde fiquei escondido por dois ou três dias. Na noite de Natal, o PCdoB providenciou minha retirada de Fortaleza no porta-malas de um DKW-Vemag Vemaghet, um automóvel de maior porte.

Atravessei a barreira policial sem ser detectado e, na região metropolitana de Fortaleza, embarquei em um trem com destino a Crato. De lá, segui para Recife e, posteriormente, para Salvador, onde aguardei o "ponto" para seguir rumo a São Paulo.

Assim, mergulhei na clandestinidade, um processo que exigia cautela e planejamento. Não se tratava simplesmente de desaparecer, era preciso eliminar rastros. Em Salvador, passei um mês simulando ser um turista despreocupado. "Vá à praia, assista a filmes e evite reuniões", instruíam-me. "E participe do carnaval, quanto mais você se misturar, melhor."

Foi no sábado de carnaval, 22 de fevereiro de 1969, que recebi um telegrama do PCdoB com a ordem: "Venha para São Paulo, imediatamente!"

José Genoino (em pé, à esquerda) e colegas da Faculdade de Direito (1968)

07

Eu, José Geraldo

Ao ingressar na clandestinidade, nossa vida passava a ser regida pelo partido. Recebíamos um novo nome e dependíamos inteiramente da organização, inclusive financeiramente. O partido providenciou novos documentos para mim, e passei a me chamar José Geraldo. Seguia à risca as ordens que recebia: "Vá para tal lugar; tome tal ônibus e siga para tal cidade; evite se expor; não faça contatos." Todos nós cumpríamos rigorosamente as regras estabelecidas pelo partido. Era uma questão de segurança e mesmo de sobrevivência.

Cheguei a São Paulo de ônibus, sozinho, pronto para iniciar uma nova vida, uma vida que seria marcada por sobressaltos e incertezas. Durante o sequestro do embaixador norte-americano, por exemplo, eu estava entrando no Rio de Janeiro. Percebendo meu nervosismo, um desconhecido me abordou e disse: "Rapaz, fique tranquilo."

Eu já havia estado em São Paulo entre dezembro de 1968 e janeiro de 1969, para participar de um congresso. Marighela tinha acabado de ser assassinado.

Che Guevara morreu em 9 de outubro de 1967, e Marighela em 4 de novembro de 1969. Suas mortes, no entanto, provocaram impactos distintos, antagônicos, na prática. A morte de Marighela ocorreu em meio ao confronto da guerrilha urbana; seu nome ficou ligado à revolução, um golpe duríssimo para toda a esquerda. Já a morte de Che foi romantizada, exaltando a figura do revolucionário que deixou Cuba e se embrenhou na selva para lutar. Assim, sua morte nos serviu como um impulso, um incentivo para intensificarmos a luta. Afinal, nossa geração carregava a dura lição do golpe de 1964. Para aqueles que ingressaram na universidade entre 1964 e 1968, a lição era clara: faltou enfrentamento, prevaleceu a conciliação de classes. O PCB (Partido Comunista Brasileiro) vendeu ilusões, pregando uma coisa e fazendo outra. A conclusão que se extraiu da derrota de 1964 foi: "Vamos para o confronto armado." E essa geração se engajou na luta armada. Não apenas os líderes veteranos, como Maurício Grabois, João Amazonas, Carlos Danielle, Apolônio de Carvalho, Mário Alves, Carlos Marighela e Joaquim Câmara Ferreira... mas a juventude mesmo, porque a ausência de resistência ao golpe de 1964 foi desmoralizante para a esquerda. Agora, esta decisão, claro, provocou uma cisão em suas fileiras.

O ambiente de alfabetização e conscientização revolucionária se inseria no contexto histórico da década de 1960, que, por sua vez, era consequência dos acontecimentos da década anterior. As décadas de 1950 e 1960 são cruciais para a compreensão do Brasil. Foram tempos de efervescência e renovação: a seleção brasileira de futebol conquistava vitórias, a Bossa Nova surgia como algo sofisticado e novo, a Petrobras era criada, o salário-mínimo era instituído. No cenário internacional, a Revolução Chinesa de 1949 e a Revolução Cubana de 1959 inspiravam movimentos de esquerda, enquanto a odiosa Guerra do Vietnã gerava grandes protestos e mobilizações. A cultura pop fervilhava com os Beatles e a Jovem Guarda, enquanto nos Estados Unidos a luta pelos direitos civis ganhava força com Martin Luther King. No Brasil, a Tropicália desafiava os padrões estéticos e políticos. Minha geração era filha da revolução, da rebeldia, inclinada ao risco e destemida. Éramos seduzidos pelo risco e pelo acaso. Vivíamos uma época de liberdade sexual, de abandono do casamento formal, de rompimento com as famílias e de saída precoce de casa. Foi um momento de quebra de amarras que impulsionou nossa geração para a luta política. O golpe de 1964 foi catastrófico, representou um corte abrupto, violento e reacionário que reprimiu toda uma promitente geração.

Na verdade, aquela geração rompeu com grilhões milenares, pois, mesmo antes do nascimento de Cristo, a liberdade civil florescia, as relações homossexuais eram permitidas, bem como a possibilidade de múltiplos casamentos ao longo da vida. Esse quadro de liberdades foi se restringindo progressivamente com a ascensão do cristianismo. Portanto, as rupturas ocorridas nas décadas de 1950 e 1960, mais do que qualquer outra coisa, reverberaram o fim de uma tradição bimilenar. O regime autoritário, à sua maneira, almejava reimpor, de modo retrógrado, antigos padrões comportamentais.

A insurgência cultural desse período era tão pujante que nosso lema se traduzia no anseio de que "as flores desabrochem". E a canção de Caetano Veloso, "É proibido proibir", tinha para nós a força de um mantra. O que era proibido? Nossa resposta retumbava clara: nada deveria ser objeto de proibição. Essa florescente geração que viveu sua juventude nas décadas de 1950 e 1960 teve de enfrentar uma ruptura autoritária súbita em 1964, e, desmoralizada pela facilidade com que foi derrotada, acabou empurrada para o confronto armado; vez que não havia lugar para ela. Para a nossa geração engajada havia apenas três alternativas pessoais, todas dramáticas: ir para casa e ser preso; ir para o exílio; ir para a luta armada. E é muito interessante a gente levar em conta esse contexto histórico, porque ele responde as questões.

O período entre o AI-5 de 1968 e meados da década de 1970 foi caracterizado por intensos atos revolucionários, resistências armadas, insurgências de guerrilha e episódios de sequestros; em suma: época de luta! Contudo, ao chegarmos à segunda metade dessa década, fomos testemunhando um fenômeno crescente de alienação. Até então, o idealismo resistente tinha seu posto, mas a nova geração que aflorava, chegava subjugada pelo temor à violência institucional e pela intimidação do AI-5. Enquanto a geração dos anos 60 parecia não ter encontrado seu lugar no mundo, boa parte da geração de 70 viu nas drogas um refúgio, um escape àquela realidade opressiva. Esta divisão intergeracional é uma dinâmica complexa, afetando a estrutura de qualquer sociedade com algum grau de organização. Tome-se, por exemplo, a foto do Congresso de Ibiúna: dois terços dos participantes estão assinalados com um "x", simbolizando uma geração que surgiu com vigor e foi abruptamente interrompida, eliminada mesmo em muitos casos. Esse é um fator preponderante nos desafios enfrentados pela classe política brasileira. A nação que não experimenta uma renovação de suas gerações encara o desolador retrocesso. Vivenciamos no período depurações no Exército, intervenções nas estatais e no meio acadêmico... Esse corte intergeracional foi tão profundo que se pode comparar a uma hemorragia, cuja recuperação só começou a ganhar forma na década de 1980.

A década de 1970 evoca uma sensibilidade especial. No começo vivenciamos uma resistência obstinada, embora marcada por uma postura defensiva, seguida pela derrocada das forças de esquerda na metade da década. Entretanto, houve uma retomada estratégica da esquerda pela via eleitoral, com vitórias notórias em 1974 e 1978. A análise desse percurso político, sob a lente geracional, é de suma importância para compreendermos as nuances da época. Existiu um vácuo, uma lacuna na hegemonia das classes dominantes no Brasil. Refletindo sobre o âmbito cultural, é inegável que as décadas de 1950 e 1960 foram prolíficas: revelaram-se grandes escritores, fenômenos no futebol e no boxe, renomados compositores e cineastas. Experimentamos, de fato, um florescimento extraordinário de talentos.

Em 1960, o Brasil se viu diante de uma escolha crucial: o general Lott, um garantista de viés reacionário, ou o udenista Jânio Quadros. Durante a campanha em Recife, a imprensa de direita questionou Lott sobre sua postura em relação a Cuba, ao que ele respondeu que não restabeleceria relações diplomáticas. Jânio, astuto, aproveitou a oportunidade e declarou que, se eleito, reataria os laços com a ilha caribenha. Essa jogada estratégica contribuiu para sua vitória nas urnas.

É importante ressaltar que o reacionarismo se manifesta de duas formas: a violenta, que se vale de golpes de Estado, e a legalista, que se ancora na rigidez das leis. Lott se enquadrava no segundo tipo, enquanto o Jânio, como a história viria a comprovar, flertava com o primeiro. Sete meses após a posse, o episódio da falsa renúncia de Jânio, com seu desfecho trágico, escancarou a natureza golpista do político.

Retomando:

Ao chegar a São Paulo, me dirigi ao Largo da Concórdia, no Brás, onde me hospedei em um daqueles hotéis modestos que costumavam abrigar nordestinos. No dia seguinte, após um encontro com meus camaradas do partido, me mudei para o apartamento de um casal de companheiros na Praça 14 Bis. A mulher, Elenaura, que ainda vive, era irmã de Helenira Resende de Souza Nazareth, uma figura de destaque em nossa luta, que viria a ter um fim heroico no Araguaia. Capturada, Helenira se recusou a revelar seu nome, afirmando que guerrilheiros não têm nome. Em um ato de coragem, ela atirou no interrogador, que reagiu com um disparo fatal.

Eu e Helenira havíamos nos aproximado por conta de nossa atuação conjunta na diretoria da UNE (União Nacional dos Estudantes) e no Comitê Estudantil de São Paulo.

Para um militante político clandestino, estabelecer-se em uma metrópole como São Paulo exigia um alto grau de cautela e adaptabilidade. A vida em pensões, com estadias de no máximo um mês em cada uma, era uma estratégia crucial para despistar eventuais investigadores. Em cada novo local, era necessário construir uma narrativa diferente, um novo personagem. Eu, por exemplo, mantinha a narrativa de que tinha por profissão ser vendedor do carnê do Baú da Felicidade, do Silvio Santos, mas sempre alternando os detalhes da minha história pregressa.

Naquela época, a construção das estações de metrô fervilhava na cidade. Eu me aproveitava dessa movimentação para fazer meus "pontos" — encontros com meus camaradas — nas proximidades dessas obras. Se abordado por uma "batida" policial, bastava apresentar alguns carnês falsificados do Baú da Felicidade para despistar os agentes. Essa tática, por incrível que pareça, sempre funcionou.

Entre o final de 1968 e o alvorecer de 1969, demos prosseguimento ao Congresso Nacional da UNE, realizando os congressos regionais em Ibiúna, com a participação dos mesmos delegados. Foi nesse contexto que me integrei à diretoria da entidade, ao lado de Helenira, Doralina, Jean-Marc e Honestino Guimarães, Ronald Rocha e Humberto.

O processo se desenrolava da seguinte maneira: promovíamos um intercâmbio regional. Os delegados do Nordeste se dirigiam ao Sul, enquanto os do Sul rumavam para o Nordeste. Como eu não era conhecido em São Paulo e, portanto, não constava nos arquivos da polícia local, conseguia transitar incólume pelas batidas policiais. Era visto como um mero "cabeça-chata", alguém que sequer merece maior atenção em São Paulo.

08

UNE

Em certa ocasião, viajei ao Rio Grande do Sul em nome da UNE, entidade na qual eu era responsável pelas regiões Sul e Sudeste. O motivo da viagem era uma ocupação na Faculdade de Arquitetura. O protocolo habitual nas assembleias era eu discursar em nome da UNE, que à época estava proibida de existir, e em seguida me retirar às pressas, pois a repressão não tardaria a chegar. Eu sempre envidava todos os esforços para preservar meu anonimato. No entanto, durante a viagem de ida ao Rio Grande do Sul, em um ônibus, travei conhecimento com uma jovem e, ao longo do trajeto, flertamos um com o outro. Ao chegar à assembleia, para minha surpresa, quem estava na porta? Justamente ela, que, ao me avistar: "É você, meu?".

Ainda que mantivéssemos o anonimato, falando o mínimo possível e recorrendo a subterfúgios quando necessário, conhecíamos as lideranças do movimento. Em uma ocasião, enquanto fazíamos um "ponto" no bairro Vila Mariana, em São Paulo, um camarada se aproximou e nos alertou: "Vocês têm dez minutos para se mandar daqui, pois a situação vai ficar feia. Vamos assaltar um banco e haverá tiroteio. Vocês não têm nada a ver com isso". Acatamos a advertência e partimos imediatamente, pois reconhecíamos a liderança que nos avisara e sabíamos que se tratava de um assalto a ser realizado por nossos companheiros.

Em minhas viagens de ônibus para o Rio Grande do Sul ou Rio de Janeiro, era comum encontrar companheiros de outros grupos, pois frequentávamos os mesmos espaços. No entanto, agíamos de acordo com as regras da clandestinidade, que ditavam que, em primeiro lugar, fingíssemos não conhecer o companheiro e, só depois, se necessário, fizéssemos um sinal discreto de reconhecimento.

Outro princípio fundamental na clandestinidade era manter-se em movimento constante, evitando tornar-se alvo fixo e fácil. Era crucial evitar portar livros ou jornais comprometedores, pois todo cuidado era pouco. Viver o cotidiano da clandestinidade era uma experiência tensa, pois a prisão podia ocorrer a qualquer momento. As batidas policiais nas ruas eram frequentes, e eu me mantinha vigilante, ciente de que, ao ser preso, colocaria em risco não apenas a mim mesmo, mas também meus companheiros, que seriam submetidos a torturas. Apesar disso, minha rotina consistia em pontos de encontro nas ruas e reuniões clandestinas.

Eu não tinha conhecimento de quantas pessoas se encontravam em situação semelhante à minha, sendo mantidas pelo partido. Era natural que as informações fossem restritas. O número de clandestinos era uma questão interna, da qual eu não tinha conhecimento. Eu estava integrado ao Comitê Estudantil e, dele, fui diretamente para a guerrilha, sem passar por outras instâncias partidárias.

De fato, eu não sabia que seria enviado para a Guerrilha do Araguaia, e sequer tinha conhecimento de sua existência. Vivi na clandestinidade em São Paulo por um ano e meio, do início de 1969 até meados de 1970, quando também viajei para o Rio de Janeiro e Rio Grande do Sul, pois minha atuação se concentrava nas regiões Sudeste e Sul, mas sem saber nada da Guerrilha.

Durante a acalorada discussão política que se desenrolava dentro do partido, eu e outros colegas nos prontificamos a contribuir, embora nossa única certeza fosse de que o PCdoB estava organizando uma resistência armada; os detalhes precisos, como a localização exata ou mesmo a região, permaneciam um mistério. Ofereci-me, voluntariamente, para fazer parte dessa luta armada, ainda que desprovido de informações concretas sobre ela. Entretanto, cabia ao partido a análise e a decisão final.

A situação em São Paulo e Rio de Janeiro tornava-se cada vez mais perigosa para mim. Após o trágico desaparecimento de Marighela, as forças de repressão intensificavam seus esforços para nos cercar. A proliferação de cartazes de "Procura-se" em estabelecimentos e espaços públicos era um testemunho vivo do crescente perigo que enfrentávamos.

Naquela época, o PCdoB concentrava a luta política exclusivamente nas cidades, reservando as ações militares para áreas rurais. Ciente da minha disposição em juntar-me à guerrilha no campo, a Comissão Executiva Nacional do partido, contando com a presença de lideranças como João Amazonas, Maurício Grabois e Carlos Danielli, tomou a decisão de que eu e alguns companheiros seríamos enviados para integrar as fileiras da guerrilha. "Você pega um ônibus fora de São Paulo e segue para Anápolis", foram as instruções recebidas. E assim o fiz, na data estipulada por eles. Ignorava, porém, que meu destino seria a impenetrável selva amazônica do sul do Pará; sabia apenas que me dirigia ao campo. Previ um cenário rural, talvez adjacente a alguma cidade, possivelmente em área de cerrado — jamais imaginaria que me encontraria na Amazônia. Recebi uma quantia em dinheiro para adquirir vestimentas na Rua José Paulino, incluindo uma lista do enxoval necessário: calças e camisas de feitio camponês, botas... Adquiri tudo o que era necessário.

Manter qualquer tipo de contato com minha família estava totalmente fora de questão, uma realidade que se impôs desde a minha partida do Ceará. Tal atitude representaria uma imprudência inaceitável, colocando em risco não apenas a minha segurança, mas também a deles.

Padre Salmito em Fortaleza (2023)

09

Partindo para a guerra

Avaliei cuidadosamente os itens que havia adquirido e, na data pré-definida, dirigi-me à Rodovia Anhanguera. Lá, embarquei no ônibus com destino à Anápolis. Por razões de segurança, adotávamos uma estratégia cautelosa: comprávamos a passagem e, no percurso do ônibus, bastava levantar a mão, munida do bilhete, para que o motorista parasse. As rodoviárias, espaços permeados por riscos, deviam ser evitadas tanto na hora de embarcar quanto de desembarcar.

Frequentemente me questionam sobre o que penso a respeito da Guerrilha do Araguaia. Para responder, é essencial contextualizar a situação. A escolha da região não foi aleatória: remota, com densa cobertura florestal propiciada pela mata tropical, de difícil acesso e fartura de recursos para a sobrevivência, o local reunia as condições perfeitas para o desenvolvimento de uma guerrilha. Mas, o que exatamente define uma guerrilha? Trata-se de um conflito desigual, a luta do menor contra o maior, fundamentada em três princípios essenciais: manter-se invisível, garantir mobilidade e possuir liberdade de iniciativa. Essas são as colunas que sustentam a existência de uma guerrilha. Se qualquer dessas condições falhar — perda de mobilidade, iniciativa ou invisibilidade — a guerrilha estará fadada ao fracasso.

Existem diferentes estratégias para concretizar a ação guerrilheira: através de colunas — modelo adotado pelas FARC —, focos — modelo adotado por Cuba —, ou estabelecendo áreas liberadas — modelo adotado na China por Mao Tsé-Tung. Esta última foi adotada por nós.

As Guerrilhas de Áreas Liberadas usam a estratégia de estabelecer e controlar áreas geográficas específicas, dentro das quais o grupo guerrilheiro pode operar livremente, estabelecendo uma forma de governo paralelo. Nestas áreas, os guerrilheiros constroem infraestrutura, organizam a população local e podem até formar unidades mais permanentes e estruturadas. O controle territorial permite que o grupo guerrilheiro fortaleça sua base, treine novos combatentes, e implemente sua agenda política e social, além de servir como base para expandir a luta armada para outras regiões.

Entretanto, havia motivos significativos que inviabilizavam nosso triunfo. Ao contrário da China, que mantinha zonas independentes, o Estado brasileiro detinha o controle sobre todas as regiões do país, não compartilhava da realidade vivida pelo Vietnã ou pela China, países com feudos ou zonas autônomas. O Brasil, regido por um Estado nacional de perfil autoritário e hierarquizado, tinha capacidade de alcançar e ocupar qualquer área, seja pela ACISO (Ação Cívico-Social), forças-tarefa ou qualquer outro meio necessário.

O primeiro desafio crucial com que a Guerrilha do Araguaia se deparava era a dificuldade em manter-se invisível ou desfrutar de liberdade de ação por períodos prolongados. Uma inevitável confrontação surgiria e o Estado brasileiro, determinado como era, retomaria inexoravelmente o controle.

O segundo dilema era intrinsicamente contraditório: a impossibilidade de engajar a população local em atividades políticas sem, simultaneamente, revelar nossa posição. Ao evitar o envolvimento político prévio, a guerrilha era compelida a estabelecer este contato crucial no exato momento em que a guerra já havia começado. Esta contradição demonstrou-se fatal para alguns dos camaradas, que foram vitimados justamente quando tentavam estabelecer laços políticos, no mesmo instante em que eram alvos de emboscadas. Era uma contradição da qual não se pôde fugir.

O terceiro obstáculo residia na própria conjuntura política nacional de 1972, que se mostrou desfavorável para a prática da guerrilha. Havia a possibilidade de que, se conseguíssemos preservar nossa invisibilidade até 1979 ou 1980, o cenário poderia ter sido substancialmente diverso. Enfrentamos severa censura, a tal ponto que a existência da guerrilha só se tornou amplamente conhecida após sua derrota. Este fato sublinha um aspecto crucial da situação política do período. Ademais, outro elemento delicado se impunha: uma guerrilha somente se viabiliza sob condições extremamente particulares, como as observadas em Cuba e na China. Contudo, mesmo dispondo de áreas liberadas, a revolução chinesa se estendeu por longos vinte e seis anos, caracterizando-se como uma guerra de prolongada duração. Para sustentar um grupo armado numa guerra extensa, é imprescindível possuir tanto um abrigo vasto quanto locais seguros para esconderijos, similarmente ao que foi proporcionado pelas FARC, que usufruíam da densa e vasta selva como refúgio.

É importante observar que, no início da década de 1970, tanto o movimento sindical quanto as manifestações populares nas cidades, potenciais suportes à guerrilha rural, já se encontravam completamente reprimidos. Quando a Guerrilha do Araguaia foi finalmente descoberta, em 1972, a guerrilha urbana já enfrentava sua derrota.

Sob estas condições adversas, a perspectiva de vitória da guerrilha tornava-se tremendamente desafiadora. Uma possível alternativa, embora hipotética, seria um recuo para a região do Rio Xingu, refugiando-se profundamente na selva. Entretanto, essa opção levanta uma questão fundamental: sem estabelecer contato com as populações locais, qual seria o propósito de sua existência? A razão de ser da guerrilha está em agir, persuadir e atrair as comunidades locais para aderirem ao seu programa. Sem cumprir esse objetivo, sua razão de existir se dissipa.

A guerrilha opera sob um conjunto de princípios que transcendem orientações ideológicas, válidos tanto para movimentos de direita quanto de esquerda. A prática bélica, em essência, é um campo de estudo científico. O objetivo último de toda guerrilha é expandir-se ao ponto de ser capaz de engajar em uma guerra de escala convencional.

O planejamento conduzido para a Guerrilha do Araguaia foi meticulosamente bem elaborado. O PCdoB fez uma escolha estratégica ao definir o local do movimento, situando-o numa zona de transição entre os estados do Pará, Maranhão e Goiás — a parte do território que era de Goiás, hoje, integra a região norte do Tocantins. Mais especificamente, estávamos posicionados no que é conhecido como "Bico do Papagaio", um ponto de confluência entre esses estados e, simultaneamente, uma porta de entrada para a floresta Amazônica. Esta área foi palco dos primeiros movimentos de expansão, tais como Serra Pelada e Carajás, bem como de vários projetos agropecuários, todos tendo em comum o fato de iniciarem nesta fronteira agrícola situada ao sul do Pará, estrategicamente localizada junto a três rios essenciais: Tocantins, Araguaia e Xingu. Este último situa-se mais à esquerda, enquanto os rios Tocantins e Araguaia quase se fundem num só. Como zona fronteiriça entre três estados, a atuação do Estado Federativo tornava-se mais complexa. Contudo, essencial lembrar que a ditadura contra a qual combatíamos não reconhecia limites ou freios, era capaz de empregar sua força brutal quando e onde desejasse.

Na região do Araguaia, imperava a lei da selva, à margem da assistência estatal. Ali, cultivou-se a crença — ou melhor, a ilusão — de que ultrapassar o Rio Araguaia garantiria proteção contra a repressão estatal, uma vez que muitos o atravessavam em busca de refúgio, seja por envolvimento em violentas disputas de terras ou por crimes passionais mesmo. Além disso, as narrativas locais eram enriquecidas pela lenda do Padre Cícero, que profetizava que aqueles que não cruzassem o Araguaia antes da década de 1970 não teriam mais a oportunidade de fazê-lo devido a uma iminente guerra, na qual as águas do rio se transformariam em fogo.

A região do Araguaia, embora inicialmente promissora, revelou-se um terreno extremamente complexo para a resistência e a manutenção de uma posição estável por um período prolongado. Havia uma expectativa de que, com as cidades posicionadas diante de nós e a densa selva às nossas costas, obteríamos uma vantagem significativa nos combates. Este cenário ideal pressupunha, claro, que mantivéssemos a inciativa nos confrontos, realizando ações estratégicas fora do sul do Pará para, em seguida, recuperarmos nosso refúgio na selva. No entanto, a realidade se mostrou inversa à nossa expectativa. Almejávamos preservar a invisibilidade da guerrilha pelo menos até 1973, de forma a nos capacitar adequadamente para os embates que nos aguardavam. Porém, fomos prematuramente descobertos e encontramo-nos flagrantemente despreparados, com um destacamento incompleto e etapas do treinamento ainda por concluir. Adicionalmente, esperávamos o despertar de movimentos sociais na região, pois, à época, os conflitos sociais ainda fervilhavam sob a superfície, sem terem atingido um ponto de efervescência.

As atividades econômicas predominantes na região gravitavam em torno da exploração da castanha, da madeira, da mineração e, em estágio inicial, da agropecuária. Notavelmente a última, valendo-se do expediente da grilagem, promovia a expulsão sistemática das populações rurais em direção às cidades. A grilagem era perpetrada com a contratação de pistoleiros que, por meio de intimidação e, quando considerado necessário, pela eliminação dos posseiros — os verdadeiros pioneiros e ocupantes das terras —, pavimentava o caminho para a usurpação territorial. Somente após a consolidação desse processo, com a posse sendo presumida como natural, os cartórios eram acionados para a regularização das áreas ocupadas.

Esse modelo era viável porque as terras no sul do Pará eram consideradas devolutas; a ocupação não conferia direito de propriedade. Assim, aqueles que chegavam adquiriam as benfeitorias — casas, plantações e caminhos. Nessa realidade, éramos todos, de certo modo, posseiros.

A maioria dos residentes na região do Araguaia era composta por nativos profundamente enraizados naquela terra por gerações; os demais consistiam em indivíduos vindos das áreas circunvizinhas, especialmente do Maranhão e do norte de Goiás. Ainda não havia se iniciado a onda migratória proveniente do Sul, São Paulo e Minas Gerais, movimento que começou a ganhar força com o início da construção da rodovia Transamazônica.

Durante a seca de 1970, o general e presidente Garrastazu Médici proferiu um discurso emblemático, no qual afirmou ser chegada a hora de levar "gente sem-terra" — referindo-se aos camponeses desalojados de suas pequenas propriedades no Sul e Sudeste do país — para uma "terra sem gente", ou seja, a Amazônia. O Estado patrocinou a migração de muitas pessoas para a região, o que gerou, ainda que de maneira embrionária, os primeiros sinais de conflitos. Embora não se pudessem classificar ainda como conflitos sociais, as disputas emergiam dos interesses individualistas ou de grupos, uma vez que, por ser a terra devoluta, para se beneficiar do incentivo fiscal, era comum que proponentes adquirissem vastas extensões de terra.

Esse era o panorama da região: uma área de marcada pobreza, onde a população enfrentava sérias dificuldades para sobreviver devido à prevalência de malária, leishmaniose, sarampo e outras doenças. A questão social era abordada sob a perspectiva da assistência, tanto que, ao analisar o Programa dos 27 pontos, que designamos como ULDP (União pela Liberdade e pelos Direitos do Povo), observa-se que se trata de um programa de reforma que mescla, de maneira surpreendente, reforma, luta armada e revolução.

Ao refletir sobre esse contexto, frequentemente usávamos a metáfora: "Isso aqui é uma mulher grávida", para ilustrar o fato de que, assim como uma gravidez, certas situações são difíceis de ocultar. Nesse sentido, o sul do Pará, o oeste do Maranhão e o norte de Goiás configuravam-se como regiões estrategicamente favoráveis para qualquer forma de treinamento.

10

Chegando para guerrear

No dia 26 de julho de 1970, coincidindo com a efeméride do assalto ao Quartel de Moncada[1], desembarquei na região. Fui calorosamente recebido por Osvaldão (Osvaldo Orlando da Costa, comandante do Destacamento B), que, na ocasião, encontrava-se em sua residência. Ele entregou-me uma modesta folha, instando-me a lembrar aquela data, além de confiar-me um revólver calibre 38 e uma espingarda calibre 20. Até àquele instante, minha familiaridade com armamentos era escassa; caberia ao treinamento subsequente remediar tal situação.

Minha morada era uma solitária choupana de palha, como as demais residências do grupo dispersas num raio de 4 a 5 quilômetros. O papel que assimilamos era o de posseiros, vizinhos com propósitos alinhados, embora mantivéssemos uma aparente dissonância, como se nos desconhecêssemos mutuamente. A ordem era nos integrarmos à região, adotando o estilo de vida do camponês; nunca rejeitar aquilo que nos fosse ofertado, observar a simplicidade em nosso viver e participar ativamente dos afazeres domésticos.

A localização das residências do destacamento era previamente estabelecida, todas elas de natureza legal e conhecida publicamente. Cada uma abrigava um casal, incluindo a edificação prin-

1. O assalto ao Quartel de Moncada ocorreu em 26 de julho de 1953. Esse evento foi uma ação armada organizada por Fidel Castro e um grupo de revolucionários contra o quartel militar de Moncada, localizado na cidade de Santiago de Cuba. Embora a tentativa de tomar o quartel tenha falhado, resultando em muitas baixas e na prisão dos sobreviventes, incluindo Fidel Castro, o assalto é considerado o início da Revolução Cubana. O 26 de julho tornou-se, posteriormente, uma data significativa em Cuba, marcando o Dia da Rebeldia Nacional.

cipal e as demais habitações, estas últimas espaçadas por distâncias modestas. Convivíamos, ainda, com as residências dos moradores preexistentes.

Nossa existência bifurcava-se em: uma faceta legal — trabalhar, habitar, realizar tarefas domésticas, entre outras atividades cotidianas — e uma faceta ilegal, dedicada a cursos, treinamento, leituras e a sintonia em estações de rádio. O convívio e o aprendizado sobre a região se davam em conjunto com a população local, embora, ocasionalmente, nosso interesse revestisse caráter militar.

Esta dualidade demarcava o ritmo de nossa existência cotidiana. Encontrava-me instalado na residência principal do Destacamento B, compartilhando o espaço com personalidades como Osvaldão (Osvaldo Orlando da Costa), Suely (Suely Yumiko Kanayama) e mais um camarada. Nosso entendimento sobre a dimensão da guerrilha limitava-se exclusivamente ao nosso destacamento. Estávamos cientes que havia outras células guerrilheiras, mas suas posições nos eram desconhecidas. Internamente, organizamos trios de sete membros cada, alinhados à estrutura 3-7 proposta pela Comissão Militar. Em nosso destacamento, o B, contávamos com a presença de membros influentes no PCdoB, como Mário Grabois, Ângelo Arroyo, Zé Carlos e o Juca (o médico João Carlos Haas Sobrinho), cujos esforços incessantes ao longo de dois anos foram cruciais para a consolidação do grupo.

Para cada atividade havia um pretexto, uma narrativa. Por exemplo, para justificar a prática de partos, Haas apresentava-se como curandeiro detentor do dom de curar. Contávamos com a Tuca (Luísa Garlippe), enfermeira capacitada na realização de partos. O fato de ser ela casada permitia uma aproximação segura das parturientes, em quem acabava realizando os procedimentos. Este era o âmbito de nossa interação com a comunidade local. Estava expressamente proibida a abertura de qualquer estabelecimento comercial. Mantínhamos nossa verdadeira identidade e nossos reais propósitos em sigilo, dedicando-nos às atividades cotidianas típicas de um camponês, inclusive o cultivo de nossa terra.

Os recursos eram limitados, originários exclusivamente do território nacional. O partido não mantinha laços com Cuba, e a distância nos separava da China. As relações com a Albânia eram estabelecidas, embora fosse um país modesto demais para oferecer assistência financeira substancial. Nosso vínculo com essas nações manifestava-se por meio das ondas de rádio, sintonizadas na Rádio Albanesa, na Rádio Chinesa e na Rádio Havana. Interessantemente, essas emissoras contavam com locutores brasileiros em sua programação.

Preservávamos uma certa distância nas relações pessoais com os habitantes locais. Recordo-me de um incidente ao atravessar o rio, quando uma mulher gritou meu nome em alto e bom som, enquanto se encontrava nua, situação que me levou a fugir prontamente. A necessidade de manter o decoro em tal contexto era evidente, especialmente considerando as possíveis consequências de ser surpreendido em uma situação tão comprometedora.

Por razões de segurança, quando necessitava visitar as cidades de São Geraldo, Xambioá, Araguatins, entre outras, fazia-o isoladamente, jamais em grupo. Meu porte físico, esguio e característico de um cearense, favorecia deslocamentos por longas distâncias, razão pela qual frequentemente me incumbiam da tarefa de ir até a cidade. Entretanto, recebia constantes advertências para evitar a "zona do Vietnã", um bairro conhecido por suas disputas e presença constante de policiais federais. A curiosidade das mulheres locais, intrigadas pela nossa aparente aversão ao meretrício, era atenuada pela presença de alguns casais que já haviam chegado à região como tais, dispersando suspeitas que pudessem pairar sobre nós.

Estabelecemos restrições sobre a formação de vínculos afetivos com a comunidade camponesa local, visando evitar a geração de compromissos de caráter patrimonial. Tal precaução revelou-se de tal forma estrita que um membro optou por abandonar a luta guerrilheira para viver com uma mulher da região. Essa cautela baseava-se também no entendimento de que qualquer faísca de ciúme poderia ser resolvida com violência letal.

Dentro deste contexto, quase que por força das circunstâncias, encontrei-me em pleno celibato por um período de sete anos: dois dedicados à guerrilha e os cinco subsequentes em reclusão carcerária, cenário este no qual as relações sexuais eram proibidas, vez que vedada a prática de visitas íntimas.

Nosso relacionamento com os habitantes do Araguaia era pautado por uma mistura de respeito e afeição. Contribuiu significativamente para nossa aceitação o fato de que a população local nutria um grande respeito pela guerrilha mesmo depois de termos sido revelados, evidenciado pela lealdade inquebrantável, a despeito do risco de prisão por nossa causa.

Argumentavam em nossa defesa, afirmando nossa índole pacífica e benevolente. O PCdoB já orientava que estabelecêssemos laços sólidos com a comunidade camponesa, percebendo nessas relações uma ponte para o engajamento político. Assim, a relação que cultivávamos com a população era intensa e significativa. Na ausência de sindicatos ou da Pastoral da Terra, nossa participação estendia-se a eventos locais, como o "terecô", uma expressão religiosa que mesclava elementos da macumba afro-brasileira com o misticismo indígena. Nossa vida social estava, em grande parte, concentrada em Marabá, onde a presença do bispo Dom Alano Maria Pena, de mente mais aberta, era uma nota excepcional.

No entanto, a descoberta da guerrilha em 1972 marcou o princípio de um terrível período de opressão para essas pessoas: prisões arbitrárias, torturas severas e, desgraçadamente, até casos de castração. Os militares como que instituíram que a brutalidade era regra. Conheci na própria pele a agonia da tortura, publicamente perpetrada na praça de Xambioá. Uma dor indizível, como expressou a Dilma Rousseff. Os restos dos guerrilheiros abatidos eram exibidos com desdém, arrastados por helicópteros ou tendo exibidas suas cabeças decepadas como troféus de guerra. A violação dos camponeses e suas companheiras por parte dos soldados era uma prática recorrente. A expressão "guerra suja" começou a ser utilizada pelos próprios militares para descrever a atrocidade desses atos em um período marcado pela ausência de qualquer ética ou humanidade.

O povo local passou por essa desgraça, sendo que a desgraça das pessoas naquele lugar já era enorme. Morria-se de leishmaniose, malária, sarampo, fome. A própria região já era uma desgraça e essa desgraça piorou muito quando os projetos agropecuários chegaram à região, porque eles tinham incentivos fiscais. Para os projetos serem implantados, o cara tinha que apresentar a titularidade da terra e isso implicava em tirar os camponeses do lugar, derrubar a floresta e destruir a cultura nativa, seguindo a filosofia da ditadura: ocupar o espaço vazio, a "terra sem gente" com a "gente sem terra", ou seja, "ocupar para não entregar". Para tanto, os militares fizeram as estradas Cuiabá-Santarém, Transamazônica e Perimetral Norte. Essas três grandes rodovias iam rasgar a Amazônia. A região virou uma terra arrazada. O conflito, que estava mascarado, estampou-se em cores a partir dos anos 1970. Um conflito planejado, incentivado e armado, por causa da posse da terra e do ouro do garimpo.

O Araguaia era uma região muito rica em área agricultável e em minérios na Serra Pelada e em Carajás; havia madeira de lei, especialmente o mogno, e castanha-do-pará. Isso tudo lá, entre o Araguaia e o Xingu. Essa região foi a fronteira agrícola por onde, a partir de 1970, entraram aquelas máquinas desconhecidas e muito vorazes, que faziam barulho e derrubavam as árvores como o "bicho lobisomem", conforme dizia o povo de lá.

Naquela região, residiam pessoas para as quais a eletricidade foi uma realidade conhecida apenas por meio da dolorosa experiência de choques elétricos sofridos durante sessões de tortura. Certa feita, um camponês que havia sido submetido a esses tormentos indagou-me, tocando em uma de suas orelhas: "O que é que passa por esses fios que quando tocam aqui me fazem pular como um sapo?". Tal interrogação revela de forma pungente a paradoxal introdução à eletricidade, símbolo do progresso, através de um método de tortura remanescente de tempos os mais obscuros. Dessa maneira, no Araguaia, vivenciou-se uma espécie de realismo mágico comparável às narrativas do *Cem anos de solidão*, do Gabriel García Márquez, onde o moderno e o arcaico se entrelaçavam em uma realidade cruel e surreal.

Osvaldão, comandante do Destacamento B, o "pugilista vermelho".

11

Guerrilha desvendada

A exposição da Guerrilha no Araguaia não foi resultado de um único fator, mas sim de uma conjunção de circunstâncias distintas. Primeiramente, tratava-se de uma área que já havia sido alvo de diversas tentativas de instauração de movimentos revolucionários, tornando-a naturalmente um local sob escrutínio. Em segundo lugar, como mencionado anteriormente, nossa presença ali era comparável a uma gravidez, em essência, algo extremamente difícil de ocultar. Além disso, um episódio particular em Xambioá marcou profundamente nossa situação: a morte de Jeová (Jeová Assis Gomes) e de outros membros do MOLIPO no norte de Goiás, em Paraíso do Norte. Os militares alardearam que esses indivíduos haviam fugido para o Araguaia, reforçando uma lenda local que sugeria tal refúgio como um procedimento padrão, embora, na verdade, tal fuga nunca tenha se materializado. Uma quarta razão, ainda que mais nebulosa, refere-se a uma guerrilheira que contraiu brucelose, uma enfermidade que, assim como a malária e a leishmaniose, demanda tratamento médico urbano. Após receber alta do hospital, a suspeita de seu pai sobre a proveniência da doença pode ter sido mais um elemento que contribuiu para a exposição do movimento, já que a região era intensamente vigiada.

Diante dessa realidade iminente, desenvolvemos múltiplos planos contendo estratégias para gerenciar nossa exposição. Idealmente, o Plano A envolveria permanecer na área enquanto planejássemos ações ofensivas fora da região, preferencialmente nas cidades do oeste do Maranhão e do norte de Goiás. O Plano B, requerendo um pouco mais de tempo para a plena integração de novos membros aos destacamentos, propunha uma ofensiva de grande porte na própria região do Araguaia. O Plano C, uma eventualidade que falhamos em prever, seria a descoberta antecipada da guerrilha. Curiosamente, quando finalmente ocorreu, a identificação não se deu pela luta armada, mas sim por associação ao trabalho de campo realizado pelo PCdoB. Isso ficou evidente para mim durante os primeiros interrogatórios aos quais fui submetido. Uma vez descobertos, foram deflagradas operações militares cujo objetivo explícito era a nossa erradicação, esforços esses que, por diversos motivos, se revelaram infrutíferos inicialmente.

A chamada "operação de limpeza" implementada pelos militares objetivava estabelecer o controle sobre áreas estratégicas, como Xambioá, Marabá e Araguatins. Uma das táticas empregadas consistia no uso da Ação Cívico-Social (ACISO) para angariar apoio por meio do proselitismo e da prestação de serviços sociais à população. Enquanto isso, a Polícia Militar e os recrutas assumiam o policiamento das cidades, liberando paraquedistas e infantaria para penetração e varredura da selva. O procedimento padrão era deter qualquer indivíduo desconhecido, intensificando assim a vigilância na área.

A abordagem inicial dos militares junto à população local era notoriamente agressiva. Sob o pretexto de proteção contra "terroristas assassinos", termo pejorativo pelo qual nos referiam, tentavam ganhar a confiança dos habitantes. Contudo, esta estratégia raramente era eficaz, dado o bom relacionamento pré-existente entre os guerrilheiros e a comunidade. Confrontados com esta realidade, os militares passaram a empregar táticas que visavam transformar os civis em vítimas, usando o medo e a detenção como ferramentas de coação. Almejando uma campanha militar mais eficiente, passaram a aproveitar os recursos humanos disponíveis na própria região, recrutando informantes locais, conhecidos como "bate-paus", e pistoleiros — estes últimos, assassinos experientes com profundo conhecimento do terreno selvagem. Essa distinção se tornava crucial no combate, onde a dinâmica dos confrontos na selva exigia adaptabilidade para embates a curta distância com alvos em movimento.

Dentro desse contexto de inteligência e contrainteligência, os adversários manifestavam sua astúcia de várias maneiras, como ilustrado pelo pistoleiro Júlio Santana, cujas estratégias incluíam o uso de sandálias invertidas para confundir perseguidores, conforme relatado no livro *O nome da morte*, de Klester Cavalcanti. Esses recursos, aliados à habilidade dos pistoleiros e informantes, revelaram-se instrumentos valiosos para os militares em seu esforço de desmantelamento da guerrilha.

Quando fui capturado, assim como ocorreu com outros, já não era possível precisar a localização exata da guerrilha. Na noite de minha detenção, talvez tivesse tal conhecimento, mas na imensidão inexplorada da mata, isenta de qualquer sinalização ou coordenada convencional, essa informação rapidamente se tornou obsoleta.

No fatídico 17 de abril de 1972, o Destacamento B — o qual eu integrava — foi alvejado. Alheio ao fato de que o mesmo infortúnio havia acometido simultaneamente o C, coube a mim a espinhosa tarefa de reportar as novas do assalto sofrido pelo nosso grupo ao Destacamento C. Seguindo nosso protocolo estabelecido para emergências, haveria um sinal específico, previamente acordado, a ser posto em um local conhecido por todos, alertando-nos sobre qualquer adversidade. No entanto, dada a pressa com que tiveram de evadir-se, os membros do Destacamento C não foram capazes de deixar o indicativo prearranjado.

Diante da ausência desse sinal, prossegui diretamente para o acampamento, esperando encontrar o C ainda ali asilado, mas me deparei apenas com a sua base desoladoramente deserta. Desse modo, passei a vaguear pela região, empenhado em decifrar o rumo tomado por eles, ao mesmo tempo em que alimentava a esperança de um retorno iminente. Mal podia eu prever que minha existência estava prestes a sofrer uma reviravolta dramática já no dia seguinte, 18 de abril de 1972, data que marcou minha captura e prisão.

12

Ganhar tempo e manter-se vivo

No Araguaia, minha rotina estava imersa na simplicidade e nas exigências da vida camponesa; ao mesmo tempo, compartilhávamos um cotidiano coletivo e harmonioso entre os guerrilheiros. O despertar ocorria ao raiar do dia, e a responsabilidade pela preparação das refeições recaía sobre o encarregado da vez, refletindo a nossa prática de compartilhamento igualitário de tarefas, independentemente de gênero ou qualquer outra coisa. A experiência na guerrilha nos imbuía de um senso de igualdade quase utópico. Questões tão triviais quanto definir quem seria o cozinheiro do dia ou quem assumiria a lavagem das roupas desencadeavam uma profunda dinâmica de colaboração, mais intensa até do que a vivenciada por muitos casais, uma vez que a sobrevivência de um estava intrinsecamente ligada à do outro.

Ali, envoltos na antecipação do combate, cultivávamos um desejo crescente pelo início do confronto. A expectativa por esse momento era tamanha que a ansiedade se fazia presente; estávamos exaustos da necessidade de manter uma fachada dupla e, paradoxalmente, se itensificava a avidez por adentrar o teatro de guerra e exercitar na prática o que havíamos treinado. Ansiávamos pela libertação dessa dualidade e pela transcendência para a ação efetiva.

O poder conferido pela posse de uma arma é fenômeno reconhecido, impulsionando indivíduos a se sentirem mais imponentes e, ocasionalmente, levando-os a uma postura de prepotência. Essa realidade é expressamente exposta hoje em dia no Brasil, onde observamos um crescimento alarmante de células neonazistas e até recentemente a proliferação de clubes de tiro. Diante desse cenário, surgem indagações sobre se a esquerda estaria atuando com negligência ao não se equipar da mesma forma. Entretanto, a promoção da armamentização, sem uma diretriz política e ideológica rigorosamente estabelecida, é um terreno minado.

Mao Tsé-Tung, em uma de suas reflexões, destaca: "A política comanda a ponta do fuzil". A ausência deste princípio rege o risco de mergulhar em uma anarquia, inclusive entre os próprios grupos progressistas. Imagine, por exemplo, confrontos ideológicos internos em uma facção de esquerda, onde um dos membros está armado. Esta observação se aplica tanto a movimentos de esquerda quanto de direita.

Enquanto houve possibilidade, dedicamo-nos intensivamente aos preparativos para o conflito que se anunciava iminente. Nosso esquema tático incluía uma meticulosa estratégia de recuo para a selva, elaborando uma infraestrutura abrangente que englobava acampamentos clandestinos, depósitos para armazenamento de medicamentos e alimentos, além da criação de *picadas* — trilhas discretamente marcadas no meio da floresta. Pretendíamos subsistir primordialmente nesse ambiente selvagem, aventurando-nos na área urbana somente quando estritamente necessário para ações de propaganda.

As operações levadas a cabo pela guerrilha caracterizavam-se pela atuação coordenada de dois ou mais combatentes, os quais alternavam entre si os papéis e responsabilidades. As únicas funções estáticas eram designadas ao líder e ao vice-líder do grupo, assegurando, assim, uma hierarquia e coordenação eficazes durante as missões.

Com o desenrolar dos eventos em torno da Guerrilha no Araguaia, a reação dos camponeses localizados na região desdobrou-se em três comportamentos distintos. Primeiramente, um grupo expressivo de camponeses demonstrava uma apreciação genuína pelos guerrilheiros, fator que levou a um número reduzido, porém valioso, de integrantes efetivamente unindo-se à guerrilha. Em seguida, havia aqueles que, embora não participassem ativamente das operações, prestavam apoio por meio do fornecimento de alimentos e informações cruciais para a sobrevivência e atuação do movimento. Em contrapartida, um terceiro grupo optou por colaborar com as forças militares, chegando ao extremo de perpetrar atos de hostilidade contra os guerrilheiros, como o envenenamento de alimentos. A motivação para tais atos vergava sob a promessa de recompensas monetárias oferecidas pelos militares por cada guerrilheiro capturado ou morto.

Os traumas decorrentes da repressão sofrida pela guerrilha ainda ecoam na região do Araguaia, como evidenciado nas narrativas do livro *O soldado do Araguaia* — posteriormente adaptado para o cinema — cujo autor, o soldado Rodrigues (Luiz Alberto Rodriges), foi recrutado em Uberlândia-MG. A obra detalha como jovens foram convocados para combater a guerrilha, apenas para se encontrarem subjugados aos mesmos métodos brutais característicos da "guerra suja" que deveriam empregar.

Fui capturado na manhã do dia 18 de abril, enquanto me dirigia ao meu destacamento após uma tentativa frustrada de entregar uma mensagem ao Destacamento C. Até aquele momento, a brutalidade não havia reivindicado nenhuma vida entre nós; apenas um ex-companheiro, que se distanciara da guerrilha para viver com uma camponesa, havia sido detido.

Como disse, diante da ausência dos sinais combinados, iniciei uma busca pelo pessoal, o que me obrigou a pernoitar nas imediações do Destacamento C. Na manhã seguinte, ao adentrar a selva rumo ao Destacamento B, cruzei inadvertidamente com uma patrulha de pistoleiros, que rapidamente me reconheceram. O sargento Marra, da Polícia Militar de Xambioá, ao me identificar, me amarrou a ponta de uma corda aos punhos e forçou-me a seguir com eles, puxado por um cavalo. Em uma tentativa desesperada de libertação, consegui me soltar e, impelido pelo instinto de resistência nutrido durante o treinamento, invoquei o fatalismo: "Podem atirar!". Curiosamente, esse apelo à morte, um ato espontâneo moldado pelo rigoroso preparo recebido, levou, paradoxalmente, à minha prisão, subvertendo a norma de jamais ser capturado vivo. Esse momento de vulnerabilidade involuntária marcou o início de um firme propósito de preservar minha vida, desafiando os preceitos antes assumidos.

Dei aquele grito e parti em disparada em direção à selva. Ocorre que na selva paraense há uma vegetação que se emaranha em moitas impenetráveis conhecidas como ipuca, me enrosquei em uma delas, me tornei presa fácil e aí fui capturado. Desconhecendo minha identidade, os captores me conduziram a uma pequena cabana, onde fui interrogado e submetido a agressões físicas, que, no entanto, nem de longe se assemelhavam à tortura propriamente dita, que eu iria experimentar ainda neste dia.

Seu objetivo era obter informações sobre a localização do Destacamento C, mas, mesmo que eu tivesse a intenção de revelar tais informações, não poderia fazê-lo, pois as desconhecia. Inquiriam sobre o paradeiro de Paulo e Vítor, membros do Destacamento C, mas eu havia me perdido deles e nada sabia a respeito. "Não os conheço. Sou apenas um lavrador. Podem verificar o local onde dormi, lá encontrarão a marca da minha rede", insisti. "Para onde você estava indo?", questionaram. "Estava voltando para minha casa, na Gameleira", respondi. Percebiam que eu não era da região, mas não tinham certeza da minha ligação com a guerrilha. A insistência em Paulo e Vítor se devia ao fato de ambos serem conhecidos por seus nomes civis e gozarem de grande reconhecimento no Destacamento C, assim como Osvaldão no Destacamento B e Zé Carlos no A. Eram os líderes. Os militares haviam incutido nos "bate-paus" a ideia de que éramos terroristas.

No dia anterior, ao indagar sobre o paradeiro de Paulo na casa de um vizinho, fui ouvido por alguém que posteriormente relatou o ocorrido aos meus captores. Exigiam que eu revelasse a localização de Paulo e Vítor. Nesse ínterim, fui submetido a torturas rudimentares, como afogamento e espancamento. A tortura "científica" viria a seguir. Minha ordem para que atirassem em mim os deixou furiosos. "Por que você nos mandou atirar?", indagaram. "Porque vocês tomaram meu revólver; se eu estivesse armado, teria atirado em vocês", respondi. Tratava-se, evidentemente, de um blefe, uma estratégia para ganhar tempo e preservar minha vida.

Pedro Pomar, do Comitê Central do PCdoB, e Ângelo Arroyo (sobrevivente da Guerrilha do Araguaia), assassinados na "Chacina da Lapa" (São Paulo, 1976)

Mauricio Grabois, membro da Comissão Militar da Guerrilha do Araguaia e do Comitê Central do PCdoB.

13

Nas mãos do inimigo

Ao meio-dia chegou o helicóptero da *United States Steel*, com o pessoal do Exército. Aí, sim, o caldo entornou, a tortura começou para valer. Tonto, sem me alimentar desde a véspera, fui negando tudo. Eu era o Geraldo e nada sabia de guerrilha, até que houve a cena dramática do cachorro que me reconheceu e eles disseram: "Tá vendo? O cachorro tá te reconhecendo". De fato, eu e o cachorro nos conhecíamos, éramos amigos, pois eu ia à casa dos donos dele de vez em quando. Reprovei o cachorro e ele entendeu. Certa hora, já de madrugada, cansaram de me torturar e o cachorro veio, lambeu meu rosto e encostou o focinho no meu rosto, grunhiu... e fugiu para o mato.

Fiquei naquela casa um dia e uma noite. No dia seguinte levaram-me de helicóptero para Xambioá e me trancaram no cadeião da cidade, um lugar horrível. No dia seguinte fui levado para Araguatins, porque lá tinha aeroporto. De Araguatins fui levado direto para Brasília. Isso tudo demorou uns cinco dias. Até então eu era o camponês Geraldo, por mais que apanhasse, nada de Genoino.

Na verdade, eu estava subestimando o inimigo, pensando que seria solto, já que, até então, até suspeitavam de mim, mas não haviam descoberto a minha identidade. Eis que, certo dia, já no presídio de Brasília, o PIC (Pelotão de Investigações Criminais), edifício de dez andares, fizeram-me descer que nem uma bola pelas escadas que levam à sala do interrogatório situado no segundo andar e botaram-me no pau-de-arara. Não tinha para onde correr. Então mostraram meu rosto numa foto que a polícia tirou quando fui preso no Congresso de Ibiúna, quatro anos antes. "E então, que história é essa...?". E o pau comeu feio.

Levaram-me de volta para Xambioá, numa pick-up C-14, pela Belém-Brasília, viagem de quase uma semana, sofrimento sem fim. Cheguei a Xambioá e fiquei na praça, e lá o pau comeu em público, na frente de todo mundo.

Havia uma velhinha, dona do Hotel Araguaia, uma espelunca. Certa vez, em meados de 1971, tinha vindo fazer compras e me hospedei no hotel dessa velhinha. A cabeça da velha, ao me ver voltar a Xambioá preso, ali na praça principal, já não o simpático Geraldo, mas o "terrorista" Genoino, entrou em parafuso. Ela botava a cara na janela e fechava, botava e fechava... Continuei sendo interrogado no aeroporto de Xambioá, muito simples, que havia se transformado em base militar.

Havia lá uns buracos abertos na terra, dois por dois de largura, três metros de profundidade. Eram buracos descobertos, onde, na falta de uma cadeia, colocavam os presos. Puseram-me num daqueles buracos, algemado e acorrentado pelas canelas, por já ter tentado fugir.

Acontecem coisas na vida da gente que jamais esquecemos. Lembro que havia lá um soldadinho simpático, que me dizia: "Rapaz, gosto de ti, viu?". "Então tira essa algema dos meus braços". "Não posso, se eu tirar as algemas, tu foges, e se tu fugires terei de te matar; se não te matar, morro eu". Que conflito!

Por volta de maio ou junho de 1972, um grupo de paraquedistas foi para a área do Destacamento C e houve um conflito, o primeiro, com o companheiro Bergson Gurjão Farias, que foi vice-presidente do DCE do Ceará quando eu era presidente. Bergson foi morto, não sem antes atingir um oficial paraquedista. Na mochila do Bergson encontraram o documento chamado Justiça Militar Revolucionária e o estatuto da guerrilha. Para tentar saber mais, levaram-me para uma sala de interrogatório pesada. Em seguida, fui levado para Carolina do Norte e de lá novamente para Brasília.

A partir de determinado momento, a minha tortura se tornou indiscriminada. Inquiriam sobre a guerrilha, mas mesmo que eu tivesse a intenção de fornecer informações, não teria como. Afinal, guerrilha rural não tem endereço. Diante da minha incapacidade de fornecer o que desejavam, passaram a me interrogar sobre qualquer coisa, torturando-me ao bel-prazer. Permaneci incomunicável por nove meses no PIC, em Brasília. Lá, tinham conhecimento de tudo o que ocorria na guerrilha. Foi assim que tomei conhecimento de algumas mortes, pois me mostravam fotografias para que eu identificasse os corpos e observassem minha reação. Recordo-me de Silvio Flávio, do Rio de Janeiro. Suportar aquela situação foi um drama terrível. Corpos mutilados, cabeças decepadas, imagens aterrorizantes.

Na guerrilha você cria laços muito fortes com os companheiros, mais do que com irmão, mais do que homem-mulher, porque sua vida depende do outro e a deste de você, a relação é muito intensa. Um dia, numa sessão de tortura, ouvi isso: "Olha, a gente está para decidir se te mata ou se te solta ou se te manda para São Paulo".

Nunca esqueço que eu estava no aeroporto militar de Brasília, encapuzado e sendo levado para São Paulo, quando um oficial narcisista, com sua arma em punho, me disse: "Vês essa arma? Ela brilha e com ela vou te matar". Então lhe retruquei com tanta firmeza e convicção: "Pois me mate, quero morrer". E ele: "É assim que você quer? Pois vai ser diferente. Vou te matar aos poucos". A relação de amor e ódio entre torturado e o torturador é limítrofe. "Dá um tiro, porra, estou desarmado, quero morrer!". "Não, não vou te matar". Percebi que havia ganhado um ponto com o torturador.

Fui levado para a OBAN (Operação Bandeirante), em São Paulo. Ainda no aeroporto militar de Brasília, outro policial se postou ao meu lado. Percebi ser o mesmo que me torturava, pois sob tortura e encapuzado os sentidos se apuram e você grava tudo que acontece à sua volta, de modo que gravei a voz do torturador. "Porra, você vai para São Paulo, não é? Fomos bobos. Naquele dia que a gente te prendeu sabias onde estava a guerrilha". "É verdade, eu sabia". "E eu podia ter te matado; se voltares para a guerrilha a gente te mata".

Ao chegar à OBAN, uma voz me disse: "Tira o capuz. Não tenha medo. Aqui é tudo às claras. Você está entrando no inferno". Era o terrível Brilhante Ustra, o demônio em pessoa, que começou a fazer provocação e esculhambar com a guerrilha: "Essa guerrilha no meio da selva não vai dar em nada". Caí na dele e retruquei: "E vocês entram lá com feijoada em latinha, doce em latinha, não sobrevivem na selva". O monstro estrebuchou, porque o torturador perde o controle toda vez que a vítima o enfrenta. Acuado, aos berros, Ustra esculhambava a guerrilha. "Ah, vocês que são frouxos, só entram lá com feijoada em latinha", eu repetia.

Na OBAN, onde fiquei três meses e fiz o percurso da legalização da minha prisão, cessaram as torturas, não havia mais razão para ser interrogado. Da OBAN fui levado para o DOPS (Departamento de Ordem Política Social) e daí me conduziram para "fazer Cartório", e isso foi motivo de comemoração, pois fazer Cartório era dar depoimento para a auditoria militar.

Durante as torturas que passei, eu negociava comigo mesmo uma situação que se chama saca-rolha, que consiste, no fio da navalha, em separar o que é essencial do que não é essencial. Aí você começa a dar a informação, mas apenas aquela que não traz consequência. Por exemplo, se perguntarem por um companheiro, confirmar que ele está na guerrilha não gera consequência. O que geraria consequência seria dizer onde estava escondido ou onde andava em São Paulo. Sozinho, na cela, eu ficava imaginando cada pergunta que poderiam me fazer e qual resposta teria que dar para me manter no saca-rolha.

14

A culpa do sobrevivente

Um prisioneiro em minha situação só vai acumulando dramas ao longo do tempo. Há uma primeira culpa inescapável, a culpa de estar sobrevivendo aos companheiros que haviam tombado. Esse drama até o próprio PCdoB jogou na minha cara.

Outro drama é achar a medida, saber o que pode e o que não pode falar, manter o controle durante a tortura, avaliar depois se o que realmente disse foi apenas o que planejou dizer. Por mais que eu nunca tenha falado a mais, o drama persiste, inclusive depois de sair da prisão. Às vezes, sonho que estou numa sessão de tortura e que deixei escapar algo, como é terrível isso.

Por fim, o drama de ficar sabendo, indiretamente, através das famílias ou dos advogados, que você está sendo acusado de estar entregando os companheiros nos depoimentos. As pessoas jogam isso, sem nenhuma base, mas o efeito que gera é muito cruel.

Sempre me concentrei em ir administrando isso tudo, para que nada se transforme em mágoa, porque é preciso amar, e, acima de tudo, amar os camaradas.

José Genoino ao ser preso no Araguaia (1972)

15

Enfim, a comunicabilidade.

No DOPS, minha advogada era impedida de me visitar. Até que, em um sábado, com o DOPS em estado de sonolência e inatividade, enquanto na TV o Santos de Pelé mais uma vez derrotava o Corinthians, a advogada elaborou e apresentou uma lista de dez presos que ela pretendia libertar. Para minha surpresa, meu nome estava entre eles.

Mas nada disso eu vi, eu estava na cela forte quando chegou o carcereiro: "Se prepara que você vai subir". Pensei, "caramba, vai recomeçar... a repetição da tragédia; vou voltar a ser torturado". Cheguei lá em cima e me deparei com um monte de presos e aquela mulher. "Para mim você é policial", eu disse. "Não interessa, estou salvando a tua vida. Assina aqui e vai embora".

Na segunda-feira ela voltou lá: "Eu sou advogada, e a procuração está aqui, assinada pelos presos". O delegado ficou puto, quase teve um troço. "Quem assinou?", perguntou gritando. "Isso não é problema meu. Está aí a assinatura do preso. Pode conferir no Cartório. E ele está sob a custódia de vocês".

Conversei depois com ela: "Não tenho condições de lhe pagar; meu pagamento será de permanecer fiel às minhas ideias, tudo bem?". "Está bom, é isso que vale". Ela se chamava doutora Rosa Cardoso, era linda, muito linda... e parece que ia de propósito nos visitar com as melhores roupas. Encantava a marmanjada toda.

Com a prisão legalizada, fui à auditoria militar para prestar depoimento em cartório. Então eu disse à doutora Rosa: "Tem um companheiro desaparecido, o Paulo Edgar". "Relata que ele está desaparecido, entra com um *habeas corpus*".

Ela entrou. O juiz negou.

A ditadura havia suspendido o *habeas corpus*, mas as pessoas pediam, esticavam a corda.

16

Carandiru

Do DOPS fui para o Hipódromo, no bairro do Brás, e daí para o Carandiru. Terrível aquele cadeião. Cheguei num daqueles caminhões que no fim do dia saem distribuindo presos pelos presídios. Me enjaularam no Pavilhão 9, no meio da bandidagem. Fiquei tenso com aquilo. Mal entrei, um deles gritou: "E você, menino?". "Sou preso político", informei. O valentão foi gritando: "Ó, pessoal, ninguém põe a mão nele não, os colegas dele são terroristas e protegem a gente, ele é preso de responsa, gente fina".

Percebi que isso era normal, os presos comuns recebiam os presos políticos com respeito e distinção. Primeiro, porque éramos considerados perigosos. Segundo, a gente denunciava as torturas a Deus e ao mundo. Terceiro, a gente combatia a deduragem. E, quarto, nós os respeitávamos.

Lá, era mundo cão total. Passei a noite vendo um desastre, ajustes entre gente que entrava e saía, um homem estuprando outro, à força naturalmente, outro sendo espancado... Não fizeram nada contra mim. No dia seguinte, fui levado para o Pavilhão 5, dos presos políticos, situado numa galeria, separado por uma gaiola.

O malparido do coronel Guedes, diretor da penitenciária, que não entendia de política, falou: "Pessoal, eu só entendo de bandido, de bandido entendo. Quero estabelecer as normas, anotem aí: 1) Se fugirem, eu mato. Tudo bem?". "Ok, tudo bem, se fugirmos, pode nos matar". "2) Se mexerem com bunda e droga, vão pra cela forte. Tudo bem?". "Ok, tudo bem, se mexermos com bunda e droga, ponha a gente na cela forte". "3) Se entrar autoridade aqui, vocês põem as mãos para trás. Tudo bem?". "Isso não! Pode nos prender ou isolar, mas não colocaremos as mãos para trás, tanto menos se for um militar. Sugerimos que, quando vier uma autoridade, tranque a gente na cela". "É, é uma boa". "Agora queremos lhe fazer umas contrapropostas, que podem lhe proteger: Qualquer preso que saia daqui, o senhor manda o médico fazer exame e guarda o exame na sua gaveta". Ele concordou. "A gente não pode ter revista íntima em pessoas da família". "Não vou fazer revista íntima, não precisa; não creio que terrorista vai mandar coisa aqui pra dentro, vocês não são burros". Aí acrescentamos: "Coronel, a gente precisa ler, tem que entrar uns livros". Ele disse: "Tudo bem, desde que os livros entrem com nota fiscal". Então a gente comprava um monte de livro da direita, tirava o miolo e trocava por Marx, Lenin e afins.

Ficamos mais de dois anos no Carandiru e não aconteceu nada, pois não demos um problema sequer ao coronel. Um dia, ele chegou pra gente: "Aqui tem professor de tudo. Por que vocês não dão aula no supletivo da cadeia? Esse professor que vem aqui não entende porra nenhuma. Vocês são tudo doutor". "Tudo bem, vamos dar aulas, mas nos libera da cela".

Passamos a dar aulas aos prisioneiros, até que um juiz proibiu. Coronel Guedes lamentou a decisão do juiz: "Burrice proibir comunistas de dar aula aos prisioneiros. Se fizerem a cabeça de algum deles, é até melhor, será um bandido a menos para me dar trabalho".

Tínhamos um sistema de controle das aulas para os 54 presos. Cada cela tinha um nome colado na porta: Marighela, Lamarca, Bacuri... Em 1975, o coronel Erasmo Dias assumiu a Secretaria de Segurança Pública de São Paulo e resolveu visitar a penitenciária. O coronel Guedes estava de férias. Chegou na hora do almoço. A gente criou um sistema de pensão: recebia a comida do cadeião e dava um trato nela e em frente às celas, onde havia fotografia dos companheiros Marighela, Lamarca... Vendo isso, Erasmo Dias estourou: "Terroristas! Cadê as fotos de mulher pelada?". Olhava para cada um de nós e apontava: "Esse aí deviam ter matado!"

Fomos transferidos para a penitenciária do Estado, rasparam nossas cabeças, nos obrigaram a usar roupa amarela e não deixavam entrar nada. Ficamos uma noite e um dia inteiros copiando os livros para fazermos nossos cursos. (*O estado e a revolução*, *O que fazer* e outros). Cada preso em sua cela, incomunicável. Fizemos levantamento dos crimes e arbitrariedades cometidos contra os presos e denunciávamos tudo. Isso coincidiu com as eleições do Orestes Quércia, Alberto Goldman, Freitas Nobre... pelo MDB (Movimento Democrático Brasileiro). Era alguma coisa de grande naquele contexto.

17

Doutrinação impossível

Fizemos uma greve de fome, empregando a tática que os bandidos nos ensinaram, visando derrubar o diretor do presídio, mas não conseguimos e fomos transferidos de volta para a detenção, que era o que a gente queria.

Era a tática do telefone. Nós todos esvaziávamos o sifão do sanitário na mesma hora, e aí falávamos pelo encanamento do sanitário. Funcionava certinho. Os presos nos ensinaram que às 8 horas da noite a guarda do presídio era trocada; com isso, tínhamos 15 minutos para fazer o telefone, tudo sincronizado.

Assim montamos uma lista dos representantes de cada uma das organizações que existiam na cadeia. Os advogados que iam lá conversavam com os representantes dos coletivos.

Rola uma história de que as organizações de presos comuns, como o PCC (Primeiro Comando da Capital), surgiram do contato desses presos conosco, presos políticos. Essa história não tem o menor fundamento, é uma fantasia. A gente convivia com eles e temíamos que eles fossem usados contra nós, para nos matar. Tínhamos, sim, respeito por eles.

Agora, como éramos muito organizados, isso eles admiravam: "Caramba, vocês têm disciplina e hierarquia!". Éramos também solidários. Viam essas qualidades e nos respeitavam. Não era "doutrinar", isso seria impossível. Até tentamos doutrinar um menino, lá no Carandiru, mas quebramos a cara.

Foi engraçado. Tratava-se de um jovem muito inteligente. O nome dele era Magno, nunca esqueço, acabou morto pela turma do Fleury ou pelo esquadrão da morte. Os presos inteligentes dominam a cadeia. Circulavam entre nós e nos contavam tudo. Levantes, greves de fome que iam fazer, contavam para nós. Certo dia, avisou: "Vou fugir, minha nega vai me denunciar a uma Vara e durante o depoimento ela vai distrair o juiz pra que eu possa fugir". Então chegamos nele: "Ó, Magno, já que vai fugir, muda de vida, sai de São Paulo, você é um cara jovem pra já morrer". E entregamos para ele o livro *ABC do comunismo*. "Vocês são legais", disse ele, ao receber o livro. "Pra vocês, o mundo se divide em proletariado e burguesia. Pra mim, é em otário e não-otário".

Eis que o Magno fugiu mesmo. Seis meses depois reapareceu no presídio. Malandro é malandro, mané é mané. "Pô, Magno, você não cumpriu a promessa, voltou pra cá?". "Pois então, companheiros, não aguentei, vacilei. Eu ficava carregando aquelas latas de cimento no ombro, subindo aqueles prédios, fazendo construção civil, por um salário de merda. Via passar aqueles Maverick vermelhão, um espelho, saca?... Não resisti, quando vi já estava fazendo o de sempre de novo. Mas garanto pra vocês, não peguei do proletariado, peguei da burguesia, firmeza?".

Tamanho é o grau de deterioração nesse ambiente que torna vã a tarefa de tentar doutrinar um preso que se acostumou com o crime. Eles admiravam a gente pela disciplina, pela solidariedade, apenas isso. O que se pode fazer na cadeia é uma política de recuperação: de remissão de pena, aulas, trabalhos...

Os presos comuns, em geral, encaminham seu sentimento de antissistema para o fascismo. O fascismo prega o antissistema, e foi isso o que o Bolsonaro fez, porque dialoga com essas pessoas, que se sentem excluídas. Mas o antissistema dos presídios tem sua ética, digamos assim. Eles diziam: "Aqui, entre nós, a gente mata estuprador e delator". Por um lado, é um pensamento fascista, mas matam o estuprador como forma de cuidar das mulheres da sua família enquanto estão presos, e matam o X-9 como forma de sobrevivência.

O ladrão sonha com o grande roubo que vai lhe deixar rico. No fundo é um sonho capitalista, fica difícil conseguir convencer essa gente para a luta de classes.

18

Casinha de fundo de quintal

Do Carandiru fomos para o presídio do Barro Branco, que nasceu como presídio político. Havia ali apenas quatro celas para dez presos cada. Do Barro Branco fui transferido para o Ceará, porque no dia da morte do jornalista Vladimir Herzog resolvemos fazer um protesto. Cada um escolheu sua maneira de protestar. Ainda estava comigo uma botina de pneu que eu usava no Araguaia. Peguei aquela botina de pneu e chutei uma porta de ferro. Foi um estrondo na cadeia. O diretor do presídio, um coronel, apareceu: "Isso aí é fuga, você está dando sinal de fuga". "Que nada, protestei porque vocês mataram um companheiro". "Você está punido". "Tudo bem, eu já estou preso mesmo". "Além disso, você está proibido de tomar o banho de sol e ir ao refeitório". "Tudo bem, estou proibido, o que posso fazer? A cela vai ficar fechada?". "A cela ficará aberta, mas você não vai ao refeitório". "Negativo, se a cela ficar aberta eu vou, não aceito autopunição". Toda cadeia tenta humilhar o preso levando-o a praticar a autopunição. "O senhor me tranque, tem a chave. Eu não sair com a cela aberta... isso não faço".

Saí da cela o dia todo. No dia seguinte o diretor me botou na solitária. Isso deu uma confusão danada. Era o ano de 1975, já havia Dom Paulo Evaristo Arns, que denunciava o que acontecia nas prisões da ditadura. Foi quando escrevemos a carta "Quero declarar que não vou me suicidar". Como punição, levaram-nos para Fortaleza, um grupo de dez presos.

Fomos para o Ceará com essa experiência. As cadeias de presos comuns eram, de certa forma, melhores do que as de presos políticos. Porque a gente conseguia manter uma maneira de viver mais civilizada. O diretor da cadeia era um coronel da reserva, que havia começado uma campanha para a ressocialização dos presos por meio do trabalho. Organizou uma exposição de artesanato do Instituto Paulo Cesar do Vale. Dissemos: "Sua iniciativa é brilhante. Também somos artesões. Queremos participar dessa exposição. O senhor separa uma sala para a gente expor nosso trabalho?".

Só que no dia da exposição permitiu o acesso à imprensa. Avisamos em qual sala estávamos. A imprensa foi toda lá e denunciamos os maus-tratos, as torturas... E saiu tudo na TV Verdes Mares, de Fortaleza, e foi retransmitido no Jornal Nacional. Uma hora depois, o DOI-CODI (Destacamentos de Operação Interna/Centros de Operações e Defesa Interna) baixou lá. Caíram de pau em cima do diretor chamando-o de terrorista.

"O que vocês fizeram?", queriam saber. "Nada. Foram os presos que fizeram, e a gente expôs, explicou-se o diretor". E voltou-se para nós: "Esses caras são burros, eles acham que sou terrorista". Acabou demitido da direção do presídio.

Você vai descobrindo que nas piores situações tem que fazer a luta política. Fiquei em Fortaleza um ano e pouco. Minha condenação era de 5 anos de prisão. No dia 18 de abril de 1977, a advogada de presos políticos, Wanda Sidou, chegou lá. Eu sabia que seria solto. Eles me comunicaram. Foi a nossa cena mais dramática: saímos da cadeia cantando a Internacional e "Suíte do Pescador", do Dorival Caymmi. A gente só tinha pena do pessoal que ficava. Íamos para o mundo.

"Faz sete anos que saí daqui, e hoje, o que vou fazer em Fortaleza?"

Fiquei a noite inteira no seminário do Dom Aloísio. No dia seguinte fui para São Paulo, onde tive que me "ressocializar" na marra, como vendedor do cosmético Grecin 2000 para cabelos, fraldas Linex e desodorante *Trés Brut*. Organizava as vendas com os vendedores de uma empresa cujo dono, o Lacerda, que está vivo até hoje, era um cara legal, mas a mulher dele, a Bendi, era ainda mais legal, tinha sido do Partido Comunista, uma grande mulher! Antes da morte dela fui visitá-la no hospital. "Pô, Lacerda, dá um emprego pra esse cara", pediu ela ao marido na época.

Ainda era ditadura militar, pleno 1977, eu já estava em situação legal, e havia o Lacerda que, para me proteger, botou meu nome como José Neto. Ele tinha uma empresa no bairro do Ipiranga, mas, como eu os conhecia, davam-me carona. Os outros funcionários, à boca pequena, comentavam: "O que esse cara é? A mulher do dono bate-papo com ele na mesa. O que mais que ele faz aí?".

Ainda aguentei três meses convivendo com os despeitados e então fui dar aula no curso pré-vestibular, chamado *Equipe*.

A Laura Tetti, uma das donas do Equipe, minha amiga do peito até hoje, era namorada do psiquiatra Edibal Piveta, que eu conhecia. Sabendo que eu estava numa pior, a Laura disse: "Eu repasso as minhas aulas pra você, mas fazemos um acordo: não fala nada de onde veio. Sabemos de tudo, mas não fala para os alunos, para que não se apavorem".

Em 1977, a ditadura ainda se arrastava, e eu deslizava dando aulas de História do Brasil. Foi um sofrimento, suava dos cabelos à ponta dos pés, pois estava sete anos fora de aula, e, para sobreviver, tinha agora de dar aula-show para 300 alunos, com um microfone, como se eu fosse um Sílvio Santos. Eu tinha estudado História do Brasil quando estava no colégio e dera aulas na cadeia, sentia-me preparado. O Equipe foi muito decente comigo.

Minha campanha para as eleições de 1982, quando fui eleito deputado federal pelo PT, começou nas salas do Equipe. Quando me candidatei, já lecionava lá havia cinco anos. Tive muitos apoiadores nas universidades também, mas porque centenas de alunos passaram pelas minhas salas no Equipe.

Quando voltei para São Paulo foi para morar com a Rioco. Moramos numa casinha de fundo de quintal. Ela trabalhava no Centro de Saúde e Escola do Butantã, como enfermeira, e eu trabalhava na empresa de vendas de cosméticos e depois no Equipe. A gente não ficava em casa, não tinha como ficar em casa, ficávamos na rua o dia todo. Eu, no Equipe, no centro da cidade, era ótimo, almoçava lá, assistia a filmes...

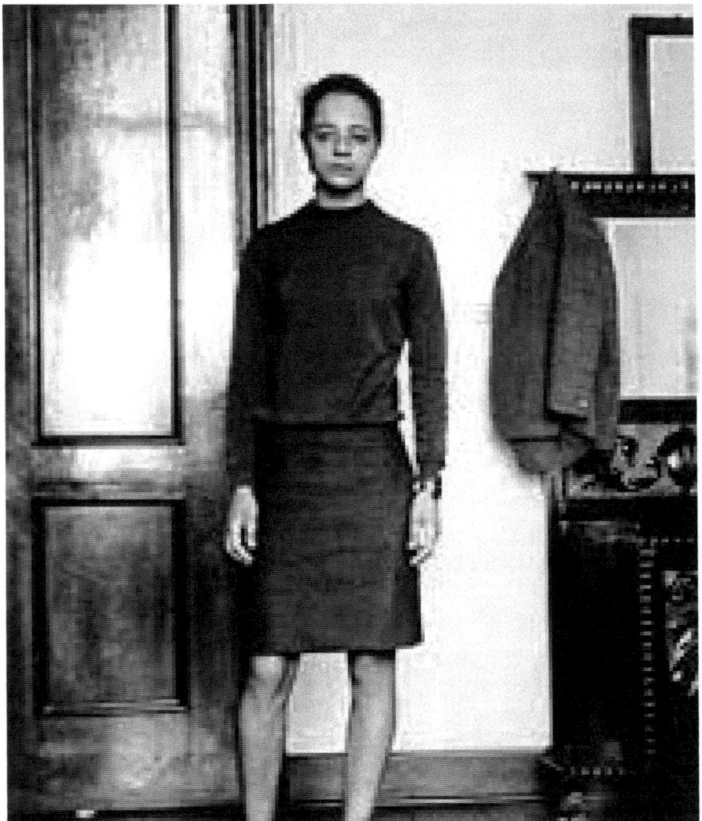

Helenira Resende de Sousa Nazareth, guerrilheira do PCdoB morta no Araguaia em 1972.

19

Rompendo com o silêncio

Quando fui dar aula no Equipe em 1977, o jornalista Palmério Dória e o fotógrafo Vincent Carelli receberam a incumbência do editor Mino Carta para fazerem uma reportagem sobre a rodovia Transamazônica. Ao chegarem lá, encontraram um monstro em carne viva. Trouxeram a reportagem para o Mino Carta.

Temendo a censura, ninguém queria bancar a reportagem. Ao saberem que eu tinha sido preso e condenado, o Palmério me procurou no Equipe. Fiquei enrolando e desconversei várias vezes, até confiar nele para fazer a publicação. Fiquei muito amigo do Palmério, que fez um acordo com a editora Alfa Ômega. A revista, com a matéria, ficou pronta: *paste-up*, diagramação... Faltava apenas imprimir. Mas o representante da editora voltou atrás, não queria mais imprimir, com medo da censura. Tive que segurar o Palmério, que partiu pra cima do cara. A revista foi publicada, enfim, em 1978. Acabou sendo importante, pois na esteira dessa publicação saíram outras sobre a direita, o sindicato. Entretanto, a reportagem que repercutiu mais foi a publicada no Jornal da Tarde, do grupo Estado.

Eu dando aula no colégio Equipe. Em um sábado à tarde, o jornalista Fernando Portela, que, mais tarde, infelizmente, virou um direitista, procurou-me para falar sobre a matéria que ele estava fazendo sobre a Guerrilha do Araguaia: "Genoino, tenho o *off*, mas me falta o *on*. Não posso bancar uma matéria dessas, que terá repercussão, tendo só o *off*. Você é a única pessoa que pode dar o *on*". Ele tinha todo o material sobre a guerrilha e sobre mim. "Mas você tem que falar".

"Não falo não", eu dizia. Resisti, resisti... Certo dia, falei para o Luiz Eduardo, do Equipe, que eu estava sendo pressionado a dar uma entrevista para o "Estadão". "Não, não faz isso, é fria!". Mas o Fernando Portela foi novamente ao Equipe, não desistia.

"Não vou falar."

"Está bem, amanhã, sábado, na edição que será impressa à noite, sairá publicado no jornal um comunicado de que um dos dois lados que detêm uma experiência importante do Brasil se recusa a falar."

Telefonei para o Luiz Eduardo. "Põe uma exigência que eles não aceitem...", disse ele. "Qual?". "Que tudo seja gravado e o que você falar saia na íntegra, e que os documentos que entregar saiam também na íntegra, e exige uma carta do diretor do jornal, o Ruy Mesquita". Liguei para o Fernando Portela: "Eu topo, com as seguintes condições..." e relacionei as exigências.

Na época, não havia celular, fiz a ligação pelo orelhão da TELESP. O Fernando ligou para o Ruy Mesquita e retornou: "Amanhã, às 8 horas, pego você na sua casa. Levarei a carta do Mesquita comigo". A entrevista foi publicada em agosto de 1979, com o título "Fala o Guerrilheiro", e depois no livro do Fernando Portela, intitulado *Guerra de Guerrilhas no Brasil* (Global Editora).

Tem uma foto minha nesse livro na qual apareço numa tensão total, porque fui à casa do Fernando Portela e passamos o dia inteiro conversando e ele gravando, com a aparelhagem toda, como estamos aqui agora gravando, mas não neste clima amistoso e tranquilo, e sim numa entrevista muito tensionada.

Cheguei aos professores do Equipe e avisei:

"A matéria será publicada amanhã,13 de janeiro, no Jornal da Tarde, não tem como evitar."

"Está bem, mas mantém a regra: não fala na sala de aula, fala fora."

"Ok."

No dia seguinte entrei para dar aula e a sala parecia anestesiada, parada. Uma menina muito engraçada disse:

"Professor, tem que falar disso aqui, a aula de história tem que ser essa."

Eu disse que não podia falar dessa história ali, abri o jogo com eles. "Mas vou dar aula, e quero que vocês se concentrem. Também farei esforço para me concentrar. Todo mundo com o Jornal da Tarde nas mãos. Quando eu sair daqui falo com vocês, no recreio".

Dei a aula e no recreio fui cercado pelos alunos. Um pegou em mim com as mãos geladas: "Caramba, aprendi que terrorista comia criancinha". E outro: "Você é normal, você fuma! Pô, você está ensinando a gente entrar na universidade! Pra mim, terrorista era outra coisa".

Foi um reboliço, uma revolução na cabeça da moçada.

Não deve mesmo ter sido fácil para esses jovens, em 1979, em plena ditadura militar, de repente se verem diante de um guerrilheiro em carne e osso... o pasmo era total, pois haviam aprendido que guerrilheiro era terrorista!

20

Dramático rompimento com o PCdoB

Ainda antes de sair da cadeia, aconteceu o que ficou conhecido como a "Chacina da Lapa", episódio em que o delegado Sérgio Fleury comandou o assassinato de vários dirigentes do PCdoB, que estavam reunidos numa casa do bairro da Lapa, em São Paulo. Eu tinha vindo de Fortaleza para São Paulo, organizava a minha vida junto com a Rioco e fui trabalhar no Equipe. Nessa época, antes de dar a entrevista ao Palmério, procurei as famílias de alguns companheiros que eu conhecia e estavam desaparecidos: o Bergson, a Suely, o Ribas... foi um drama.

Por não admitir a derrota, o PCdoB não queria prestar contas aos familiares dos mortos e desaparecidos e não concordava com o que eu comecei a fazer. Mas senti que devia cumprir esse meu dever de falar com os familiares. A maioria da direção do partido foi morta, ou no Araguaia ou na Chacina da Lapa, de modo que a minoria virou maioria. Comecei a ser malvisto por defender que o PCdoB devia discutir publicamente a experiência da Guerrilha do Araguaia, bem como prestar contas às famílias e homenagear os guerrilheiros. Foi guerra, não teve jeito nem volta. Isso coincidiu com o surgimento do PT, em 1980. Fui direto para os movimentos que deram origem ao PT. A barra pesou. Fui tachado como traidor pelo pessoal do PCdoB.

Lembro de duas cenas que me fizeram perder a cabeça. A primeira tem relação com um companheiro do PCdoB, o Rogério Lustosa, que esteve preso comigo e era muito solidário e amigo. Ele dirigia o Tribuna Operária, jornal do PCdoB, e eu dava aulas na Av. Brigadeiro Luiz Antônio, pertinho da sede do PCdoB. Fui lá cumprimentar o Lustosa e, quando botei a cara, ouvi: "Não aperto a mão de traidor!"

Fiquei tonto, dando voltas no quarteirão, sem saber o que fazer. Foi muito violento aquilo.

Isso ficava martelando na minha cabeça. O PCdoB batia duro porque eu estava saindo do Partido para entrar no PT. Por outro lado, eu entrava no PT como pertencente a um partido de esquerda chamado PRC (Partido Revolucionário Comunista). Um dia disse para mim mesmo: "Sou minoria total: na sociedade, no PT e no parlamento; só não posso ser minoria na família".

O PRC não era uma corrente, era um partido, produziu documentos, estatuto... Ainda é possível encontrar a revista *Teoria & Debate*, produzida pelo partido. Fiquei entre dois fogos. De um lado, o PCdoB, que me acusava de ser traidor. De outro lado, o PT, que dizia que eu tinha "duas camisas". Nada daquilo foi fácil.

O PRC não tinha presidente, tinha um Comitê Central. Foi uma experiência interessante, porém, mais adiante, tive problemas com um membro do Comitê Central. Um drama terrível. Estivéramos juntos na clandestinidade, na cadeia, no PRC e no PT.

A partir desse momento nossa relação melou, deixamos de nos falar. Ele até chegou a dar uma entrevista no "Estadão" falando coisas nesse sentido. Filosoficamente, virou um cara de direita. Uma pena, pois éramos íntimos.

Quanto à guerrilha, houve posições divergentes, a avaliação do PCdoB ficou dividida. A vanguarda do partido, os quadros mais preparados haviam morrido na guerrilha (1972-1974) e na Chacina da Lapa, em 16 de dezembro de 1976. O que de melhor o partido tinha gerado foi eliminado pela ditadura militar. Foi um drama. Na verdade, uma tragédia. A avaliação sobre o que realmente aconteceu com a guerrilha mexeu com as relações pessoais.

Quando comecei a aparecer falando da guerrilha não pensava em ser candidato ao parlamento. O que me motivava era a ideia de revelar a memória, pois vi que as famílias não sabiam o que havia acontecido com seus entes queridos que estavam desaparecidos. "Tenho que falar, revelar a memória", decidi. Já nas primeiras entrevistas que dei fiz a defesa da guerrilha. Só no último livro do Fernando Portela há três entrevistas minhas com enfoques diferentes, sobre o mesmo assunto — a Guerrilha do Araguaia. Tem a carta da minha defesa na auditoria militar, a entrevista que dei na casa do Portela e saiu publicada no Jornal da Tarde e a entrevista de quando fui candidato ao governo de São Paulo.

21

Democracia do conflito

O PT foi fundado em 10 de fevereiro de 1980. A participação nas eleições de 1982 serviu para legalizar o partido. Lula foi nosso candidato a governador. Eu e outros companheiros oferecemos nossos nomes para sermos candidatos a deputado federal por São Paulo. O partido precisava ter chapas de candidatos a deputado estadual e federal. A repercussão das entrevistas publicadas no "Estadão" e o fato de eu ter dado aulas em cursinho trouxeram-me votos no Estado inteiro. Fui o último da lista de eleitos pelo partido em São Paulo. Atrás de mim ficou o Plínio de Arruda Sampaio, com uma diferença de 600 votos, que não entrou. No país inteiro, o PT elegeu oito deputados federais.

Ao chegar à Câmara dos Deputados, o Airton Soares, um dos oito deputados federais eleitos pelo PT em 1982 e que até hoje é meu amigo, me disse: Genoino, você tem dois caminhos. Pode ficar quatro anos aqui como estrela ou, como militante revolucionário, vira deputado para valer, mas, para isso, tem que cumprir esse ritual: primeiro, ir para a comissão mais importante da Câmara e militar pelo PT; segundo, não entrar de sola, observar bastante, pois aqui temos papa, não queira ser papa que você cai; terceiro, aja com cautela, não faça movimento em falso e não dê bola para seu carrasco. Disse isso se referindo ao major Curió (Sebastião Curió Rodrigues de Moura), que esteve à frente da perseguição e aniquilamento da Guerrilha do Araguaia. E o dito foi feito. Fiquei sossegado em 1982 e 1983. Em 1984, veio a campanha das Diretas e botei a cabeça para fora. Em 1985, avancei para a Nova República, me elegi Constituinte!

Acabou que por uns dez anos fui um dos dez deputados mais influentes do parlamento. Tenho num quadro de vidro a entrevista que dei ao jornal "Campus", da UnB (Universidade de Brasília). Nessa entrevista, o Elmano, estudante de jornalismo, perguntou: "Qual a diferença entre a guerrilha e a Constituinte?". Respondi: "Não tem diferença nenhuma. Faço as duas com amor, com paixão e não como tarefa". A política, para mim, não é tarefa nem é obrigação, mas realização humana. Realizava-me humanamente na guerrilha, tinha prazer da mesma maneira que tenho prazer nesta conversa.

Confesso que, sinceramente, eu gostava do parlamento, adorava aquilo. Havia dois momentos da política em que não precisava tomar remédio para pressão: quando ia para a rua fazer campanha e quando ia debater no parlamento. Porque a democracia é a institucionalização do conflito, do contraditório, da luta de classes. Creio numa democracia do conflito. Algumas pessoas não entendem quando digo que sou do conflito. O ser humano é do conflito, o conflito é criador, até a harmonia vem do conflito.

22

Reencontro na prisão

O PCdoB, em 1968, tinha um comitê estudantil em São Paulo. O partido era muito forte na Bahia, Ceará e Rio de Janeiro, mas em São Paulo era fraco. Bahia, Ceará e Rio de Janeiro dirigiam o movimento. Quando aconteciam as reuniões nacionais do PCdoB, a gente vinha para São Paulo. Em 1968 eu estava na Rua Maria Antônia quando ocorreu aquele choque entre os estudantes, que ficou na História.

O choque entre os estudantes na Rua Maria Antônia ocorreu em outubro de 1968, num episódio marcante da história política e estudantil do Brasil. Esse evento aconteceu no contexto de grande efervescência política e social no país e no mundo, sendo parte das manifestações contra a ditadura militar brasileira.

Na época, a Rua Maria Antônia, localizada na região central de São Paulo, abrigava as faculdades de Filosofia, Ciências e Letras da Universidade de São Paulo (FFCL-USP) e a Universidade Presbiteriana Mackenzie. A área se tornou um ponto de encontro de estudantes e intelectuais, tornando-se um espaço de intensa atividade política e cultural.

O choque específico na Rua Maria Antônia ocorreu entre os dias 2 e 3 de outubro de 1968. O embate se deu principalmente entre estudantes da USP e da Mackenzie, que tinham posicionamentos políticos opostos. Os estudantes da USP eram em sua maioria de esquerda e contrários ao regime militar, enquanto um segmento dos estudantes da Mackenzie era de direita e favorável ao regime.

Os confrontos iniciaram-se com disputas verbais e evoluíram para trocas de pedras, coquetéis molotov e outros objetos. A situação escalou rapidamente, resultando em um ambiente de extrema tensão e violência. O episódio culminou na morte do estudante secundarista José Carlos Guimarães, de 20 anos, e no incêndio que destruiu parte das instalações da Faculdade de Filosofia, Ciências e Letras da USP.

Este episódio reforçou o movimento estudantil como uma importante frente de oposição ao regime militar, impulsionando outras manifestações e protestos em todo o país.

Vim representando o Ceará para o Conselho Nacional da UNE e nessa ocasião conheci o comitê estudantil do partido na USP (Universidade de São Paulo), composto pela Helenira, a Suely, mortas no Araguaia, a Rioco, a Maí e o Cilon, que também morreu no Araguaia.

Quando, em 1969, vim morar clandestinamente em São Paulo, depois do AI-5, passei a me organizar com o comitê estudantil. Circulava muito na casa da família da Rioco. A avó dela tinha casa na Rua Jureia, na Vila Mariana, onde a gente fazia as reuniões e de manhã tomava café ali na Santa Cruz, na Padaria Sagres, que ficava próximo à casa da vó da Rioco. Foram várias reuniões. Eu atuava pela UNE. Eu e o Honestino Guimarães. Ele pela AP e eu pelo PCdoB. Nossa atuação era clandestina. A gente se reunia com os diretórios e centros acadêmicos, fazíamos as reuniões nos "aparelhos". Foi nessas reuniões que convivi com a Rioco. Até 1970, quando saí de São Paulo e fui para a guerrilha.

Aconteceu num dia de feriado, quando o povo comemorava no Vale do Anhangabaú a chegada da seleção brasileira de futebol que havia conquistado a Copa do Mundo no México. Até então, não havia um envolvimento maior entre mim e a Rioco, só éramos conhecidos porque atuávamos juntos no movimento estudantil; éramos apenas militantes políticos.

Fui preso em 1972, quando a guerrilha foi descoberta, e, justamente naqueles dias, a Rioco caiu presa, em Marabá. Ela entrava na região, de ônibus, conduzida por outra companheira, a Elza Monerat, que conseguiu escapar. Por isso a Rioco não chegou a participar da guerrilha. Foi levada de Marabá para Belém e de Belém para Brasília.

Até dez dias após minha prisão, lá pelo dia 18 de abril, quando eu já estava sendo interrogado em Brasília, no PIC, ninguém, salvo os camponeses, me conhecia. Estava numa sala de tortura quando me identificaram como o Genoino que havia sido preso no congresso de Ibiúna. As salas de tortura eram divididas por um espelho que permite ver apenas de um lado; quer dizer, você vê a pessoa, mas a pessoa não te vê.

Foi numa sala de espelho que me perguntaram pela Rioco, que eu conhecera em São Paulo, de nossa atuação na UNE. Eu não sabia que ela tinha sido presa a caminho do Araguaia. Ela estava indo para o destacamento A; e eu era do B. A gente só se reencontrou nessa sala.

23

Sala de espelhos

Não foi bem uma acareação, porque, quando me perguntaram por ela, eu não tinha nada para dizer, pois nossa relação não era de tempo recente. Depois de nosso encontro nessa sala, não tivemos mais contato, já que ela estava presa numa sala e eu noutra. Como não teve participação mais contundente, pois não chegou a entrar na área da guerrilha, a Rioco foi transferida para a OBAN, em São Paulo, bem antes de mim. Levaram-me para a OBAN nove meses depois, e, ao chegar à OBAN, vi que ela estava lá, mas não tivemos oportunidade de nos comunicar, pois não éramos interrogados ao mesmo tempo; estávamos sem nos comunicar desde 1972.

Fui transferido para o DOPS e incluído no processo do PCdoB de São Paulo, porque eu tinha militância em São Paulo. Para não oficializarem a existência da Guerrilha do Araguaia, não abriram o processo por minha participação na guerrilha; enquadraram-me no artigo 14 da Lei de Segurança Nacional, por filiação em partido clandestino, sendo condenado a 5 anos de prisão. Nesse trajeto cruzei com a Rioco no PIC de Brasília e na OBAN, onde não tinha interrogatório, e no DOPS, quando fiquei na ala masculina e ela na ala feminina, e depois no Hipódromo, situado perto do Brás. Ela foi para a penitenciária feminina e eu para o Carandiru. Começamos a nos corresponder por cartas enviadas por meio dos advogados, nossos pombos-correios. Tínhamos um sentimento de solidariedade. Dois anos depois de nos conhecermos em São Paulo, a gente se encontra numa cela de sessão de tortura.

Não posso afirmar que assistimos às torturas um do outro, pois, como eu disse, a sala de acareação é uma sala de espelhos; você vê o outro, mas o outro não te vê. A Rioco diz que presenciou, mas eu não. Dia 6 de outubro de 1973, eu já estava na cadeia do

Carandiru e ela na penitenciária. As cartas evoluíram para uma carta-contrato, um compromisso de a gente viver juntos quando saíssemos da cadeia, mesmo não havendo nenhuma previsão de quando sairíamos. Até então não tinha rolado sequer um beijo, nada, nenhum contato físico, só por cartas. O conhecimento anterior e o sentimento de solidariedade que surgiu entre nós na cadeia foi o que nos uniu.

A cadeia e a tortura aproximam as vítimas com um grau de afinidade, apego e cumplicidade muito forte. Foi o que aconteceu comigo e outras pessoas. Ela vivia legalmente em São Paulo, e eu, clandestino. Ela e suas amigas me davam suporte material: roupas para o frio e coisas assim, e isso já era algo mais do que a política. Em nossas correspondências, a gente conversava sobre o que havia acontecido naqueles dias de sessões de tortura etc. Foi nesse contexto que a gente resolveu se declarar e firmar o compromisso de vivermos juntos.

Não saímos juntos da cadeia. A Rioco ficou presa 2 anos e saiu em liberdade condicional para cumprir a pena em Lavínia, interior de São Paulo, onde moravam os pais dela, e eu continuei preso. Depois de cumprir a liberdade condicional, ela se reconectou com o PCdoB e foi fazer trabalho na periferia, na zona sul de São Paulo, de maneira clandestina, correndo risco, novamente. Foi nesse contexto que saí da cadeia e a gente se reencontrou. Ela deixou a casa da irmã dela, na Vila Mariana, e fomos morar juntos numa casa nos fundos de um terreno, no morro do querosene, bairro do Butantã, onde ficamos por algum tempo, decididos a não termos filhos, pois estávamos preparados para voltar à clandestinidade, se fosse necessário, e, sendo assim, achávamos que não devíamos criar laços. Fui trabalhar como professor no colégio Equipe, enquanto a Rioco foi ser enfermeira, porque o PCdoB valorizava o trabalho com a medicina ou a enfermagem. Ou era paramédico ou médico. Todavia, formar-se em medicina era algo muito demorado, então a Rioco fez um concurso e passou no Centro-escola Butantã, na USP, onde trabalhou durante muito tempo. Quando fui eleito deputado federal, em 1982, eu não tinha telefone nem carro, andávamos de ônibus.

Quando, em 1976, aconteceu o trágico episódio da Chacina da Lapa, em São Paulo, eu estava preso no Ceará. Ao chegar a São Paulo, fiquei mais de um ano sem contato com o PCdoB. Meu rompimento com o PCdoB foi muito traumático; aconteceu em 1979-80, quando passei a participar do movimento dentro do PT, que se chamava MDA (Movimento de Defesa da Amazônia) e defendia a soberania do Brasil sobre essa região; só mais tarde surgiria o movimento propriamente ecológico de defesa da Amazônia.

A gente viajava e fazia palestras no interior. Fui a Pereira Barreto, Ribeirão Preto e outras cidades importantes... A Rioco fazia o trabalho de enfermagem no Centro de Saúde do Butantã. Como disse, a gente resistia a ter filho, porque a hipótese de voltarmos à clandestinidade não estava totalmente afastada. Também por isso resolvemos não construir uma relação formal que pudesse gerar dependência. E, assim, o tempo foi passando: 1977, 1978, 1979.

24

Reaprendendo a voar

Em 1980, doze anos depois de tê-la visto pela última vez, fui me encontrar com a minha família no Encantado. Foram comigo a Rioco e sua irmã Toshiko, que é japonesa (nissei), e um casal formado por um judeu com uma japonesa, Moche e Júlia, funcionários do alto escalão da IBM, mas muito progressistas e nossos amigos até hoje; moram nos Estados Unidos.

Fomos de carro de São Paulo até o Encantado; na ida pelo interior e na volta pelo litoral. Foi uma assombração geral. O pessoal do Encantado nunca tinha visto uma japonesa. Ao chegarmos a Juazeiro do Norte, cidade do Padre Cícero, o povo seguia a gente enquanto subíamos à Casa dos Milagres. "Japonês! Oh, Japonês!", murmuravam, admirados, mirando e apontando para a Rioco, a irmã dela e a amiga. Nessa viagem a gente começou a buscar uma certa organização material para a família, pois antes a nossa base era muito precária.

No dia em que o Lula foi julgado na auditoria militar da Av. Brigadeiro Luís Antônio, em fevereiro de 1981, eu estava lá e aquilo foi um espetáculo. A repressão tinha três símbolos: a OBAN, o DOPS e a Auditoria Militar.

Cheguei em casa próximo das 8 horas da noite e encontrei a Rioco completamente transtornada. Lembro que era sábado de carnaval, Lula havia sido condenado dois dias antes. A Rioco não costuma falar muito, mas estava muito falante e começou a quebrar os quadros que eu tinha colocado na parede — quadros da campanha pela anistia, contra a tortura e outros. Entrava em surto em razão do pós-parto e torturas que havia sofrido. Chamei o médico e ele disse: "Vamos segurar sem medicar".

Fui pai e mãe da Miruna porque a Rioco não podia amamentar a criança sem pô-la em risco, pois o leite estava contaminado. Fiquei direto em casa, cuidando da Miruna. Além disso, logo após o parto, ocorreu o chamado estado puerperal, no qual o corpo da mulher passa por um período de readaptação que traz alterações físicas e psicológicas, gerando grande variação hormonal, com depressão e até mesmo rejeição. Isso aconteceu numa sexta-feira e durou mais ou menos um mês. No domingo, ela começou a ser medicada por um médico muito gentil, do Centro de Saúde onde ela trabalhava.

O parto da Miruna aconteceu no banheiro, quando a Rioco foi tomar banho. Procurei um terapeuta na Av. Faria Lima. Olha que coincidência! Quem nos atendeu foi o Audoísio, que fizera curso de Lacan na França e, junto com o Honestino Guimarães, teve seu fuzilamento simulado quando os estudantes ocuparam a UnB.

Todos esses acontecimentos aprofundaram a ligação minha com a Rioco. Nessa época, eu já havia saído do PCdoB, estava no PRC. A saída do PCdoB afetou muito a Rioco. Ela foi retirada porque era minha companheira, e isso a machucou muito. Então, no PRC, mas dentro do PT, fiz a militância política e fui eleito deputado federal em 1982, quando a Miruna tinha um ano de idade.

Coisa interessante: não só com a Rioco, mas principalmente com a Miruna, criei um sistema de comunicação telepático infalível. Certas coisas que acontecem comigo a Miruna logo percebe, e vice-versa. Por exemplo: ela foi morar em Sevilha e estava visitando a casa do Garcia Lorca quando surgiu a crise do mensalão. Nesse dia, ela percebeu com a música que estava tocando que havia acontecido algo extraordinário comigo. E havia acontecido. "Filha, acabei de sair da presidência do PT", eu disse.

A crise do mensalão afetou muito o PT. Não fui afastado do PT e nem me propuseram isso, mas fomos, de certa maneira, postos de lado. O Delúbio Soares, que era o tesoureiro, foi expulso do Partido. Não houve acordo, foi medo. Depois da derrota de 1989, para tirar o Collor de Melo, que ganhara as eleições com a bandeira anticorrupção, o PT adotou o discurso da moralidade e da ética na política, e isso incutiu no partido uma visão moralista que deixou o partido refém da campanha moralista. Quando veio o mensalão — que, na verdade, foi caixa dois e não mesada ou mensalão, termo assumido pelo deputado Roberto Jefferson, especialista em assumir coisas que virassem espetáculo — fomos escanteados dentro do partido. Não fui afastado da presidência do partido, porque, quando percebi que iria ser afastado, eu mesmo saí. Por exemplo: não esqueço que no dia 9 de julho de 2005 fiz um discurso, que será transcrito integralmente num livro que meu amigo, o jornalista Roberto Benevides, está concluindo, sobre minha trajetória de vida e política. Nesse discurso, afirmei: "Preparem-se porque está se iniciando uma das maiores crises da história do partido, porque a burguesia quer aniquilar o PT, mas há duas coisa para mim inegociáveis: o PT e o Lula. Vou até o fim para defender essas duas coisas".

Da mesma maneira, percebendo que eu não tinha condições de permanecer na presidência do partido, eu mesmo tomei a iniciativa de sair. Quando percebi que seria cassado como deputado, renunciei. Não ia deixar que aqueles pilantras me cassassem. O mesmo aconteceu agora, em 2022. Quando percebi que eu não era a bola da vez da campanha do Lula nem no governo de transição, antecipei-me e disse ao Lula: "Olha, não vou ser candidato nem quero cargo nem nada, podem deixar-me de fora; vou atuar junto aos movimentos sociais". Seguindo orientação da minha terapeuta, previno-me de situações complicadas antecipando-me.

José Genoino retorna ao Araguaia (1982)

25

Caso complicado

Entre mim e Rioco florescia um vínculo singular, tecido pelos fios do amor e do companheirismo intenso. Essa união impulsionou-me a uma militância política fervorosa, que se materializou na campanha para as eleições da Constituinte. Contudo, já em Brasília, um episódio marcante se interpôs em nosso caminho: um relacionamento passageiro com uma companheira do Ceará resultou no nascimento de Mariana, a quem sempre assumi como filha. No entanto, hesitei em revelar à Rioco, que se encontrava em São Paulo, temendo que nossa relação fosse irremediavelmente abalada. Decidi compartilhar a verdade quando Mariana completou quinze anos e se mudou para São Paulo. O momento foi dramático. Rioco sentiu-se profundamente triste e abalada, e Miruna ainda mais. Todavia, com o tempo, conseguimos ir superando a crise. Confessei tudo à Rioco, e ela, após um período de reflexão, compreendeu que o relacionamento com a mãe de Mariana jamais teve de estável, assegurando-me que aceitava a situação como um evento circunstancial. Mariana, por sua vez, buscou se aproximar dos irmãos e de Rioco.

O salto de qualidade aconteceu quando, durante o processo do mensalão, recolheram-me à prisão, em Brasília. Foi a Mariana, o marido e o sogro que me deram proteção lá. Nesse período, fiquei, digamos assim, largado, fora de casa. O PT foi solidário ao providenciar advogado e dar apoio material, porque tudo o que eu tinha feito foi por causa do partido. O PT não assumiu publicamente a minha defesa, mas assumiu as demais coisas. Justiça seja feita.

Carreguei o peso de uma sociedade moralmente conservadora e hipócrita, mas não hesitei em reconhecer a natureza do meu ato: uma fraqueza, sem dúvida, mas passageira e isolada, um deslize carnal em um contexto político completamente dissociado. Não houve amor, nem qualquer vínculo afetivo. O amor que nutro por Mariana, desde o seu nascimento, contudo, é genuíno e inabalável. Essa clareza facilitou a superação do problema, mas não sem deixar marcas profundas. É evidente que me senti em conflito, pois minha formação camponesa e cristã carrega consigo a noção de culpa, um fardo que sempre me acompanhou. Incluo nesse fardo a culpa por ter sobrevivido à prisão e à Guerrilha do Araguaia, episódio pelo qual o próprio PCdoB me condenou severamente.

Embora auxiliasse meus pais financeiramente com uma contribuição mensal, ciente das dificuldades que enfrentavam, a culpa me acompanhava. Como deputado, minha situação financeira era estável, o que gerava um contraste incômodo. A culpa também se manifestava pela impossibilidade de conviver com meus filhos de forma plena. Embora garantisse a eles um padrão de vida organizado, arcando com despesas escolares e outras necessidades, algumas básicas e outras nem tanto, a ausência paterna pesava em minha consciência. Nunca fui abastado ou proprietário de bens materiais, mas dispunha de uma estrutura mínima, como um carro para viagens e compromissos.

26

Os "amigos"

Minha vida era um turbilhão: de terça a sexta, ou de segunda a quinta, em Brasília; fins de semana na base, em São Paulo; e domingos em casa, completamente absorvido pelo trabalho, atendendo telefonemas até mesmo durante passeios com meus filhos. Era uma loucura. Houve um período em que meu contato era com multidões, não com pessoas. Quando essa órbita se esvaziou e ruiu, o impacto foi enorme. Onde estavam as pessoas? E a multidão? Evaporaram. Foi então que reencontrei a solidariedade dos companheiros do PT. Ao deixar a presidência do partido, recebi uma carta assinada por todos os funcionários, que guardo até hoje.

O José Dirceu não teve qualquer envolvimento com o mensalão, sua demonstração de poder que o tornou um alvo. O tesoureiro Delúbio Soares, com mais coragem, assumiu a responsabilidade, declarando: "Foi caixa 2 e eu assumo". O João Paulo, assim como eu mesmo e o Zé Dirceu, foi vítima nesse processo. Silvinho cometeu um erro ao aceitar um carro usado quando era secretário-geral do partido, tendo que devolvê-lo posteriormente. O mensalão foi na verdade uma tentativa de aniquilar a trajetória do partido. É notável como Lula conseguiu se reerguer e ser reeleito em 2006.

O Lula demonstrou grande solidariedade para comigo. Naquele ano de 2006, quando me candidatei, ele me convidou para um café no Palácio do Planalto, e fomos fotografados juntos. A imprensa, e até mesmo Aloizio Mercadante, nosso candidato a governador de São Paulo, nos criticaram duramente. "Onde já se viu o presidente se deixar fotografar ao lado de pessoas acusadas e processadas?", questionaram. Quem me defendeu, ora vejam, foi o José Serra, um franco adversário político. "É um exagero de vocês, Genoino não é mensaleiro", afirmou. Guardo até hoje, junto com as cartas de apoio, a matéria em que José Serra me defende.

27

Uma passagem para o mundo

O processo do mensalão fortaleceu ainda mais minha relação com a Rioco e os filhos, particularmente com a Miruna, Ronan, a Mariana e a família desta, que me deu suporte e sustentação em Brasília, com destaque para o sogro da Mariana, que tinha uma casa em um condomínio e foi muito solidário. A relação entre meus filhos também saiu fortalecida, porque os filhos de São Paulo iam a Brasília e se encontravam com a Mariana.

Foi um choque violento quando Mariana foi me visitar no presídio da Papuda, onde o preso é obrigado a usar roupa branca e a visita não entra se também não usar roupa branca. Uma coisa que nos ajudou muito a superarmos essa crise foi que eu e Rioco vínhamos da geração 1968, a qual, em termos de comportamento, família, sexo, era muito aberta. Foi a geração do amor-livre, que não tinha parâmetro moralista, e isso nos ajudou muito a fazer essa travessia. Vamos, agora, enfrentar nova experiência. Não sei como vai ser, porque a Rioco decidiu não mais morar em São Paulo, cansou da cidade grande.

Meus quatro anos em Fortaleza foram uma passagem para o mundo, e o mundo para mim foi São Paulo, o meu "sertão". Quando você mora numa cidade de modo clandestino, como eu vivia, conhece a cidade não por suas ruas, mas pelas mil e uma "veredas", as padarias, as galerias... Eu adorava a Galeria Metrópole, a Galeria do Rock. Raul Seixas morava no bairro onde eu morava. Certo dia, encontrei com ele na padaria da esquina e pensei: "Pô, esse Raul Seixas é um cara muito legal com esse seu jeito subversivo". Isso em 1970.

Essas coisas estranhas me atraem. Tudo o que é estranho me atrai. Às vezes, só a estética de uma coisa já encanta. Por exemplo, a banda Secos & Molhados, que estourou em 1973. As pessoas não entendiam bem o conteúdo das letras das músicas, muitas delas com críticas veladas à ditadura[2], mas foram seduzidas pela *mise en scene*, pela irreverência, pela forma estranha como se apresentavam.

2. "O Vira" faz ou faria uma referência metafórica à Guerrilha do Araguaia. O gato preto que cruzou a estrada e passou por debaixo da escada seria o Osvaldão entrando pra Guerrilha e tendo o azar de morrer nela. As corujas e os pirilampos seriam os soldados espreitando a selva com lanternas e lamparinas, e os sacis e as fadas seriam os guerrilheiros e guerrilheiras. E no encontro de ambos se dá o Vira, a luta, em que se vira homem (sobrevivendo) ou lobisomem (morrendo). A cultura musical do Vira era cara ao poeta e inspirador da banda, João Apolinário, um importante poeta português que se encontrava no Brasil fugindo da ditatura fascista de Salazar. Ele era pai de João Ricardo, o líder da banda. A título de curiosidade, o Guarda Belo e o Verme que passeia na lua cheia são, em nossa interpretação, ambos, representações do delegado Fleury. Aliás, o Guarda Belo mata o velho por meio de característicos solos de guitarra repetidos três vezes, como que três rajadas de metralhadora. Vale conferir, seja para concordar com, seja para refutar a interpretação. (Nota de Salvio Kotter)

28

A despedida

Tenho apego à família, mas não sou de família. A única família com a qual tenho relação é a minha família de origem e a que constituí com a Rioco e os "meninos". Também dou importância à família da Rioco, seus pais e irmãos sempre foram solidários comigo e com ela. A minha relação com minha família de origem era mais uma relação humana do que propriamente relação de família. A nossa formação era de cortarmos os laços familiares e sermos cidadãos do mundo.

Quando eu vivia no mundo, como deputado, era protagonista e não tinha essa relação. Por isso que quando retornei ao Encantado, há um ano, fui para fazer uma imersão. "Quero fazer uma imersão aqui com vocês; quero falar com vocês como um natural e não como deputado", disse para eles. Porque sempre, quando ia lá, eu era personagem, protagonista, autoridade ou aquele que tinha dinheiro para ajudá-los. Meu irmão José Guimarães, deputado federal, é quem agora os ajuda. Despojar-me de tudo é o que mais me realiza.

Mas o afastamento de minha família de origem, por conta da militância política, trouxe consequências. Para se ter uma ideia, conheci minha irmã mais nova quando ela tinha 12 anos de idade. Fiquei sem comunicação com a família durante todo o tempo em que estive na guerrilha; voltei a dar notícias quando estava preso.

Antes do AI-5, em 1968, já em Fortaleza, percebi que teria que partir. Então fui me despedir da família. Não esqueço da cena: tinha uma escada e uma calçada; meu pai, minha mãe e meus irmãos olhando para mim. "Vim comunicar que não vou mais ser doutor, vou pra outra", anunciei. Eles choraram e eu fui embora. Voltei lá só doze anos depois, mas meus pais nunca me censuraram. Minha mãe não entendia, pois sou o mais velho, e, no sertão, o mais velho tem autoridade. Papai era caladão e analfabeto. A sua postura se materializava nessas quatro falas: "Você queria ser doutor mas a política te tirou da Faculdade; queria sair da roça para nos ajudar mas voltou pra roça por causa dessa tal de guerrilha; não queria casar mas casou com uma japonesa; vira deputado e fica famoso em São Paulo, aparece na televisão, mas não fica rico; vocês ganharam a questão que havia contra o governo e o Lula mas você está nessa situação". Eu disse: "Pai, não me casei, emancebei, e, quanto ao mais, é o destino". "Que destino é esse, rapaz?", retrucou papai. Ele nunca repreendia. Mamãe, por sua vez, também não. Ela se sentia culpada achando que o que ia acontecer comigo era porque ela tinha ficado grávida de mim antes de se casar. "Você que botou ele pra estudar!", lembrava sempre meu pai, pois foi ela quem me alfabetizou. Ela tinha uma ligação afetiva muito forte comigo e agia diferentemente do que com meus irmãos. Chegou a fazer uma promessa a Padre Cícero para eu subir de joelhos lá no mosteiro e rezar. "Posso até ir lá, mas subir de joelhos não", eu disse.

29

Sou "poeta"

Minha mãe ficou muito abalada com a minha situação. Além de eu ser conhecido, a televisão mostrava os temas que eu defendia: descriminalização do aborto, estado laico... Os adversários lá no povoado diziam: "Tá vendo, teu filho é um herege e defende o aborto". Para uma camponesa católica, isso era duro de ouvir. Mas ninguém da família me atacava, gostavam muito de mim, porque, antes de sumir, eu andava por lá, conversava com eles, no sindicato, com o padre Salmito.

Minha irmã Laíde, a mais chegada comigo, que voltou a morar no Encantado, tem uma passagem trágica em sua vida: teve dois filhos que morreram; um deles, o mais velho, era um menino precioso, um cara incrível, que estudou e se formou, depois se juntou com uma camponesa e pegou AIDS, era homossexual. Quando fui visitá-la, o filho estava na UTI e ela parecia destruída. Eu disse pra ela: "Olha, se teu filho é homossexual, tens que assumir isso, para que possas te recuperar".

Nossa família tem a vertente organizada e a anárquica. Quando converso com eles, digo que estamos na vertente anárquica do meu pai e tem a vertente organizada e bem-comportada da minha mãe. Agora que não tenho poder, converso tudo com eles como um igual; igualei-me a eles e isso é bom.

Meu irmão José Guimarães é mais organizado, pois sempre morou em Fortaleza, volta periodicamente ao Encantado. Já eu, sou um "poeta", esse que é o problema. Acabei sendo atingido pelo episódio do assessor do Guimarães, flagrado com dólares na cueca, mas nem eu e nem o Guimarães tivemos qualquer coisa com aquele lamentável episódio, nem depoimento prestei. Esse acontecimento não chegou a abalar nossa relação, mas, como somos irmãos e o escândalo aconteceu com o assessor dele, respingou na minha imagem e na dele, e isso, mesmo tendo sido absolvido, refletiu de algum modo na relação. Hoje, o Guimarães é da direção nacional do PT, anda com o Lula e sabe das minhas opiniões, mas não o cobro pelas opiniões dele e nem ele pelas minhas. Quando sinto que posso causar incômodo, fico na minha. Seria ridículo usar uma suposta autoridade de irmão mais velho.

30

Inflexão ao centro

Ganhei consciência social e política na minha militância em espaços da Igreja Católica, sob orientação do padre Salmito. Essa consciência se aprofundou com radicalidade na militância no PCdoB e PT. Nessa trajetória foi acontecendo uma inflexão ao centro, e, ultimamente, um retorno às antigas posições. Vários fatores conduziram-me a isso. Cumpri dois mandatos — o primeiro e o segundo — pela esquerda.

Na Constituinte, eu era vice-líder do Lula e envolvi-me muito nisso, tanto é que o pessoal do PRC dizia que eu tinha virado vice-líder do social-democrata Mário Covas, o que significou uma inflexão ao centro.

Em 1991, dei uma entrevista para meu grande amigo Mauro Lopes, que trabalhava para a Folha de São Paulo, com o título *Repensando o socialismo*, que foi impressa depois em formato de livro pela Editora Brasiliense. Eu já estava influenciado por uma reflexão sobre as experiências que marcaram a luta socialista, as questões da liberdade, da pluralidade, da diversidade, incorporando a luta antirracista, a luta feminista... Portanto, eu já tinha uma visão crítica, e isso aparece no *Repensando o socialismo*. Socialismo como emancipação, que não é apenas um projeto econômico, mas também cultural e emancipador.

Na conclusão da Constituinte — acho que essa é uma informação importante — houve um debate na direção nacional do PT, sem registro, que discutia se a gente devia ou não assinar a nova Constituição. Foi a primeira vez que sinalizei com uma posição diferente da esquerda petista, com a qual caminhara até então, mas defendi, junto com a maioria, principalmente com o Lula, que a gente votasse contra, mas assinasse. Eu dizia: "A gente pode votar contra porque há os itens que sinalizamos como inaceitáveis, como a tutela militar, poder judiciário, as cláusulas de propriedade, sistema de comunicações e a tortura não ser imprescritível. Tais questões me levam a votar contra, mas assino". Junto com o Lula, votei contra, mas assinei.

Outro momento dessa inflexão ao centro foi quando vi aquela cena da Praça da Paz Celestial, na China, e a desintegração da União Soviética. O episódio da Praça da Paz Celestial fez-me lembrar dos companheiros da guerrilha que foram formados na China. "Os companheiros morreram crendo na China e agora acontece esta porra!", foi impossível brecar esse pensamento. Isso me pegou, deu um estalo.

Outro estalo foi provocado pela queda do Muro de Berlim. Esses estalos me provocaram a necessidade de entender o que acontecia, porque sempre achei que em política você tem que compreender. Então tentei compreender o que era aquilo e, nesse processo de compreensão, lendo o Gramsci, fiz uma inflexão que acho que foi até mais à direita, pela qual passei a achar que podíamos chegar ao socialismo sem revolução, sem ruptura, através de um processo de acumulação de forças em escala crescente. Por isso que, quando me joguei no Parlamento, achei que, ao assinarmos a Constituição e a burguesia aceitando esse pacto e sendo nós parte dele, tínhamos que nos preparar, como partido político, para fazer uma mudança no Brasil sem revolução. Sendo sincero, acreditei nisso.

Era com essa visão que eu entrava nas negociações e nos embates do Regimento Interno da Câmara. Como eu ia sendo sempre mais votado, sentia-me legitimado, isto é, os fatos corroboravam essa visão.

E vieram as eleições de 2002 com a eleição do Lula. Fui candidato a governador de São Paulo. Pela primeira vez o PT chegava ao segundo turno das eleições para governador de São Paulo. Tudo caminhava nesse sentido.

Ao elegermos o Lula eu virei presidente do PT, eu disse ao Lula: "Agora nós vamos fazer um projeto global de mudança do país pela via pacífica, sem revolução, a reforma da reforma". E Lula dizia: "Vamos radicalizar a reforma, democratizar a democracia". Chegaríamos ao socialismo pelo esgarçamento da democracia. Estávamos muito influenciados pelo modelo italiano. Tive acesso, nessa época, à literatura surgida no pós-muro e pós-União Soviética, que marcou o debate dentro da esquerda.

Com o Lula eleito presidente da República, em 2004 joguei-me por inteiro para conquistarmos a maioria das prefeituras, a fim de termos forças naquela hegemonia social-democrata. Nossos candidatos foram eleitos, em primeiro turno, em Belo Horizonte, Porto Alegre, Palmas, Macapá. Fomos para o segundo turno em Fortaleza, São Paulo, Santos...

José Genoino na campanha pela Anistia (1978)

31

Hegemonia do PT

Qual era a minha visão? Eu dizia: "O Lula é uma árvore frondosa que tem copa, o PT tem raiz, mas os galhos são nossos". A Marta Suplicy era prefeita de São Paulo, foi para a reeleição, perdemos em segundo turno, mas a Luíza Fontenele ganhou em Fortaleza, e assim crescíamos. Junto com o Lula, eu defendia a seguinte posição: "Vamos alterar a hegemonia política; vamos crescer e passar a depender menos dos aliados". Só que os aliados, entre os quais o Sr. Roberto Jefferson, que não é bobo, perceberam que crescíamos além da medida, para nos tornarmos independentes. A reeleição do Lula consolidaria a hegemonia do PT.

Esse era o desenho e esse desenho encontra-se nas resoluções do PT. Por isso que nas eleições de 2004 o PT jogou tudo, até mesmo utilizando-se de Caixa 2, visando eleger deputados, vereadores e prefeitos, o que significaria ampliar nossas possibilidades para as eleições de 2006. Esse era nosso projeto, que foi torpedeado com a crise do mensalão. Claro que a decisão de forjar acusações contra o PT não foi tomada apenas pelo Roberto Jefferson; ele o fez numa clara articulação com o *status quo*, com o poder do capital.

Quero apenas mostrar como essa visão estava se desenvolvendo. Fiz esse movimento achando que aquele caminho que nasceu em 1991 estava se consolidando. No meio do trajeto, entretanto, recebemos a paulada que abalou o piso do chão. Então fui tentar entender tudo aquilo. Falo sobre isso no discurso que fiz de improviso no dia 9 de julho, bem como num livrinho vermelho intitulado *Carta aos petistas*, no qual digo que não houve compra de votos nem mensalão, estávamos sendo criminalizados sem crime.

Eu não tinha nada a ver com nada, porque tinha assumido a presidência do PT só em 2003 e assinei dois empréstimos porque o PT estava quebrado, tinha que assinar para poder pagar água, luz, passagens aéreas... Eu estava tranquilo, mas a pancada veio e tem coisas que são muito ilustrativas desse processo.

Certa vez, uma amiga jornalista do "Estadão" me disse: "Você era a fonte, você era brilhante, mas agora você está no projeto; prepare o lombo que é pra te matar; não farei o que me mandaram fazer porque te conheço. Direi na redação que não te achei, mas desliga o telefone por três dias, senão perco o emprego". Deixei o telefone desligado por três dias. Ela foi muito gentil. Utilizaram a história de Ali Babá. A orientação que lhe deram era para me encurralar e "matar", ao Lula e aos "40 ladrões".

Esse processo me deixou muito atordoado, porque aquele movimento teórico que eu havia feito com base na leitura de Gramsci tinha sido derrotado, mas o Lula, ao reeleger-se em 2006, deu a volta por cima. Refleti muito sobre o que havia ocorrido. Com base na minha experiência de vida e em releituras de Espinosa, Nietzsche, Marx, Schopenhauer, Poulantzas... tentei reencontrar o fio da meada, que eu havia perdido.

Esse processo conduziu-me a uma crise profunda e a terríveis pesadelos. O que foi o aneurisma da minha aorta? Foi isso. O camarada Lenin falava sempre das "ilusões constitucionalistas", eu estava no auge delas. Veja bem, eu tinha saído da guerrilha, onde dezenas de companheiros morreram, e havia entrado na luta institucional, que estava dando bons resultados, e, de uma hora para outra, caio do oitavo andar.

Tive que entender isso. Mergulhei em leituras, inclusive de autores que nem eram marxistas, para compreender o fenômeno. Foi nesse momento que a minha terapeuta me disse: "Existe uma contradição entre seu corpo e sua mente". A partir daí, li Espinosa, que discute a relação entre o corpo e a mente. "Você tem que repactuar, mas sem manter a gramática política de antes, despido de tudo. Se renascer na política sem isso, sobrevive, do contrário o corpo não resiste, morre", disse ela.

32

Páginas viradas

Quando fui condenado no mensalão a cumprir pena, a maioria do PT retirou a mim, Delúbio Soares, João Paulo e José Dirceu da chapa majoritária, que disputaria a Direção Nacional do partido. Então eu disse: "Ferrou!". Isto é, o Estado e a maioria do PT nos ferraram. Pela primeira vez nossos nomes não estavam na chapa. Fiquei tonto, uma semana em Ubatuba fumando feito desgraçado. E foi exatamente em Ubatuba que minha aorta explodiu e fui levado às pressas para São Paulo.

No meu caso, tudo girou em torno dos dois empréstimos que eu assinei, um de 3 milhões e outro de 2,5 milhões. Quando assumi a presidência do PT, o partido tinha saído da campanha eleitoral endividado e possuía dois tipos de dívida, a referente aos aliados, que nos apoiaram no segundo turno, e a dívida para as eleições de 2004. O PT estava quebrado, porque as contribuições só iam crescer quando a bancada assumisse os mandatos. Faltava dinheiro para pagar água, luz, hotel para as reuniões, passagens aéreas, no momento em que o Lula assumia a presidência... Observe-se que a contribuição não vinha de fundo partidário, mas da doação dos parlamentares. Então o Delúbio Soares me disse: "Olha, companheiro, estamos quebrados; estou procurando os Bancos para fazer empréstimos, mas só o Banco Rural e o BMG toparam emprestar". Nos estatutos do PT, o presidente do partido é apenas avalista, então fui avalista nesses empréstimos, que assim foram registrados na contabilidade do PT e no TSE (Tribunal Superior Eleitoral), não sendo, portanto, fajutos nem fictícios, e, além disso, o partido os saldou. Contudo, no processo, com base nas afirmações falsas do operador Marcos Valério, afirmaram que esses empréstimos seriam uma espécie de disfarce para futuras operações ilícitas. Acusaram-nos de "formação de quadrilha", mas que quadrilha era essa cujos membros não se conheciam? Conheci a dona do Banco Rural, que seria a "quadrilheira" do bando, no dia em que fomos presos. Não tinha foto, delação nem outro elemento de prova contra nós. Eu tinha assinado os empréstimos apenas como avalista.

A coisa estourou e veio uma ofensiva política do PSDB (Partido da Social-Democracia Brasileira), da mídia e da maioria do Judiciário para nos condenar. Apesar de tudo, o Lula conseguiu superar as dificuldades e foi reeleito em 2006. Também eu, apesar da campanha caluniosa movida contra nós, fui eleito deputado federal. E como fiz questão de registrar aqui, no meio da crise, o Lula foi criticado por ter recebido um "mensaleiro" e ter posado para foto, de propósito, ao meu lado.

33

Fios da meada

Iniciei o exercício do meu mandato em 2007 sob a pesada sombra do escândalo do mensalão, que havia progredido das investigações policiais para o intrincado processo judicial. Durante minha convocação para depor perante a CPI (Comissão Parlamentar de Inquérito), uma tentativa de intimidação foi orquestrada por Jair Bolsonaro, figura cujas ações e declarações causam engulhos. Bolsonaro escolheu trazer o coronel Lício Augusto Maciel, militar de viés notoriamente autoritário, que comandou a patrulha do Exército responsável pela minha prisão em 1972, numa manobra para abalar meu equilíbrio emocional e psicológico.

A turbulência desse período levou-me a uma introspecção profunda, que me ensejou extensivas leituras. Mergulhei nas obras de pensadores como Antonio Gramsci, Baruch Espinosa e Karl Marx, cujas ideias serviram de alimento para o espírito e a mente durante essa fase mais desafiadora. Paralelamente, iniciei uma série de debates com alguns camaradas, estabelecendo diálogos enriquecedores, sobretudo com integrantes do PT, entre eles, colegas do grupo O Trabalho e o estimado companheiro Valter Pomar. Valter, conhecendo-me bem e ciente da minha índole, demonstrou solidariedade e compreensão pelo transe que eu atravessava, o mesmo ocorrendo com membros da executiva do PT.

Em meio aos desafios que enfrentei, recusei-me terminantemente, visando assim desviar as acusações que recaíam sobre mim, a adotar uma estratégia defensiva que implicasse a denúncia de companheiros. Permaneci fiel ao compromisso de não me render a essa odiosa conduta, rejeitando a possibilidade de trair a confiança de outrem em favor da minha própria defesa. Optei por enfrentar as adversidades processuais decorrentes, independentemente de sua severidade, em vez de comprometer meus valores morais e os princípios que delineiam a essência de quem sou. Creio que isso me salvou.

No período compreendido entre 2007 e 2011, exerci um mandato que considero de sobrevivência. Em um momento de intensa pressão, já próximo ao término de meu mandato em 2010 — durante a campanha de Dilma Rousseff à presidência —, enfrentei a adoção da proposta da Lei da Ficha Limpa, uma iniciativa apoiada por figuras como José Eduardo Cardozo, Flávio Dino e Índio da Costa, além do respaldo da Igreja Católica. Me opus veementemente a essas medidas, posicionando-me solitariamente contra elas, um fato que ficou registrado nos anais do Congresso. Tal postura provocou a ira da CBN (Central Brasileira de Notícias) e do apresentador Jô Soares, que me criticaram acerbamente, acusando-me de tentar escapar das implicações da lei em benefício próprio.

As eleições em 2010 não me foram favoráveis como as de até então e em 2011 encontrei-me na condição de suplente, retornando ao mandato em 2013, um período que se caracterizou por uma atmosfera particularmente tensa e complicada, marcada pelo escrutínio de programas sensacionalistas como CQC e Pânico, além de outros. Sempre acreditei que as verdadeiras reflexões surgem não do conforto, mas sim do calor da forja. Foi com essa mentalidade que encarei tanto as discussões acerca da guerrilha, que me renderam diversos adversários, quanto as considerações sobre o PT. Em meio a essa fase tumultuada da minha vida, empreendi uma análise profunda e cuidadosa dos eventos que se desenrolavam, reconstruindo os elos entre minha experiência no PRC, na Guerrilha, e no processo político da Constituinte. Ainda que uma repetição desses momentos fosse inviável, eles forneceram subsídios cruciais para que pudesse transpor a crise infligida por sequentes golpes do destino.

Minha trajetória foi complexa, caracterizada por desafios e alianças inesperadas. Reconheciam-me no PRC como alguém que "vestia duas camisas", referindo-se ironicamente à minha suposta dupla lealdade, inclusive sendo apelidado de "vice-líder de Mário Covas". Contudo, José Serra, companheiro de partido de Covas, tomou uma atitude em minha defesa, fortalecendo assim nossos laços de respeito mútuo. Esse período turbulento demandou de mim reflexões intensas e candentes, como se estivesse manuseando brasas, especialmente após meu retorno a São Paulo para cumprir prisão domiciliar, onde mergulhei profundamente numa busca por compreensão.

Um episódio notável ilustra a complexidade dessas interações e sugere um possível toque da influência de Lula. Após o término do meu mandato, encontrei-me em uma situação financeira delicada, pois não havia solicitado minha aposentadoria. Foi então que recebi o apoio inesperado da diretoria do Sindicato dos Metalúrgicos do ABC. Eles vieram até minha residência com uma oferta surpreendente: contrataram-me para ministrar um curso no sindicato, com todos os trâmites legais e contratuais devidamente estabelecidos. Por seis meses, dediquei-me a essa atividade educativa, um período que se provou crucial para a continuidade das minhas reflexões sobre os eventos passados. Durante essa fase, participei também das gravações realizadas por Roberto Benevides, que servirão de base para a elaboração de um livro que sairá em breve — uma reavaliação íntima de minha vida, na qual exponho minhas conclusões com clareza e coerência. O título provisório do livro é: *Do Encantado eu vim.*

Esses momentos de introspecção, esses "fios da meada" que persistentemente busquei desembaraçar, não surgiram em ambientes acadêmicos, mas sim em meio às adversidades da vida real. Forjadas mais pelo embate e pelo sofrimento do que por qualquer teoria formal, minhas reflexões brotaram no contexto do meu próprio "sangrar".

34

Pagando "pedágio"

Para mim, a política se entrelaça com a arte, a sublimação, a glória, a criação e a projeção humana. Nela, o ser humano se projeta em uma fusão de poesia e ação política. Compartilho com Gramsci a profunda admiração pelos artistas, e ele, em seus Cadernos do Cárcere, explora com maestria a relação entre política, arte e cultura.

Ao ocupar posições de destaque na "orquestra" política, experimentei a realização e o protagonismo. Aquele menino do Encantado havia se tornado referência para o projeto de sociedade da esquerda. A política proporciona o orgulho da projeção, do papel desempenhado, do protagonismo. Minhas intervenções, discursos e soluções para impasses me mobilizavam profundamente. Em certos momentos, na Câmara, chegava a sonhar com soluções que, ao serem colocadas no papel, se mostravam eficazes.

Construí relações profícuas com outros protagonistas, como Ulysses Guimarães, Antônio Carlos Magalhães, seu filho e Nelson Jobim, que se tornou um aliado fiel. Para ilustrar, quando eu liderava a bancada do PT, certa vez, ao chegar à Câmara, encontrei Jobim já presente. Questionado sobre sua chegada antecipada, ele respondeu: "Genoino, quero convidá-lo para uma reunião, pois uma crise está prestes a eclodir no país". Durante o governo Itamar Franco, havia um debate institucional sobre o aumento salarial de militares e ministros do STF. O comandante do Estado-Maior das Forças Armadas se opunha ao aumento autoconcedido pelos ministros do STF. Itamar, então, ordenou que o ministro Fernando Henrique Cardoso revogasse o aumento por meio de uma Medida Provisória que seria apresentada à Câmara naquele dia. "Você é líder do PT, uma figura-chave", disse Jobim.

Participaram da reunião, além de mim e Jobim, Fernando Henrique Cardoso, Sepúlveda Pertence, Paulo Brossard, Aristides Junqueira (procurador-geral da República) e o ministro da Marinha, Mário César Flores. O objetivo era buscar uma negociação. Minha presença se justificava pela necessidade de evitar obstruções e permitir o andamento da sessão, sem "esticar a corda".

Ser convocado para uma reunião de tamanha importância, em pleno governo Itamar, era algo que enchia o ego de qualquer um. Naquele palco, com o ego inflado, fui construindo relações políticas que transcendiam o PT, com pessoas que compartilhavam de minhas ideias, como Florestan Fernandes na Constituinte, Eduardo Jorge posteriormente e Lula, com quem nunca tive conflitos.

Lula era o líder e eu o vice-líder. Por muito tempo, estive em uma posição que me credenciava a ser o líder natural da bancada, mas, devido à minha inclinação à esquerda, tive que "pagar pedágio", ou seja, esperar.

Tínhamos na Câmara um grupo notável: eu, Nelson Jobim, Miro Teixeira, José Serra, Luiz Eduardo Magalhães e Sigmaringa Seixas. Reuníamo-nos com frequência e, nesses encontros, trocávamos confidências sobre fatos não divulgados. Foi nesse contexto que se estabeleceu uma relação de profunda confiança mútua com Luiz Eduardo Magalhães, que costumava brincar: "Meu limite é ouvir esses caras do PFL, não aguento mais ouvir pedidos de cargos e dinheiro; quero falar de coisas da vida e da política". Sigmaringa Seixas era um homem bondoso.

Marcelo Deda, falecido precocemente, era um grande companheiro do PT. Mantive excelentes relações com outras figuras importantes, como Ulysses Guimarães. A morte de Luís Eduardo Magalhães me comoveu profundamente. Em seu velório, uma grande amiga dele e de sua família me disse: "Você fez o discurso mais sincero; captou a alma do Luís Eduardo". Chorei durante meu discurso.

Esses contatos me colocavam em situações favoráveis. Por exemplo, quando Lula foi eleito em 2003 e eu presidia o PT, muitas vezes eu entrava em cena. Houve um ministro do STF, cujo nome não mencionarei, que Antônio Carlos Magalhães pretendia derrotar na Comissão de Justiça. José Sarney me alertou: "Fale com Antônio Carlos Magalhães, ele é seu amigo". Fui conversar com ele: "Presidente, não o derrube, deixe passar", pedi. Com seu jeito peculiar, Antônio Carlos Magalhães respondeu: "Esse cara não presta, vai trair vocês". Infelizmente, ele estava certo. O sujeito acabou nos traindo. Mas insisti: "Deixe passar". Antônio Carlos Magalhães conversou com outras pessoas e voltou dizendo: "Olha a lista; esse pessoal vai mudar de posição; Arthur Virgílio fará um discurso contundente e vou colocar em votação e aprovar". Ele fez isso sem pedir nada em troca.

Durante o impeachment de Fernando Collor, tive uma relação muito próxima com Roseana Sarney. Quando você se torna amigo do filho e da filha do oligarca, torna-se amigo também do próprio. Até hoje, José Sarney me telefona no dia do meu aniversário, pois sabe que sou amigo de Roseana e nunca traí essa amizade. Afinal, também é importante honrar as amizades. Nunca neguei que era e sou amigo de Roseana e do ex-presidente Sarney.

Isso foi muito útil. Por exemplo, eu tomava café a cada quinze dias com Mário César Flores, ministro da Marinha, que enviava seu ajudante de ordens para me buscar no hotel. Conversávamos sobre política e sobre o Brasil.

José Genoino na campanha eleitoral de 1985, no Ceará, entre a candidata Maria Luíza Fontenele e o cantor e compositor Belchior.

35

Vai para o motel com a direita

Eu circulava livremente pela República. Certa vez, comentei com Aloizio Mercadante: "Você já percebeu que chegamos ao poder e estamos nos reunindo com o museu da República?".

Essas condições foram habilmente construídas. A aproximação com o empresário José Alencar foi arquitetada por mim, como líder da bancada, e por José Dirceu, presidente do partido. Lula reconheceu o potencial de Alencar: "Esse cara é bom, hein! Estou de olho nele, mas não posso convidá-lo diretamente. Vocês o cortejem por um mês, tomem café com ele, avaliem suas intenções".

José Alencar era senador pelo PMDB e presidente da FIEMG. Tomamos café com ele, conversamos e ele fez um discurso em sua posse. Foi então que Lula nos instruiu: "Está na hora de convidar José Alencar, vamos lá". E lá fomos nós: eu, José Dirceu e Lula. Isso demonstra que a política não se faz sem relações pessoais. A questão ideológica e a luta de classes emergem nas relações pessoais, até mesmo em tom de brincadeira.

Durante o governo Fernando Henrique Cardoso, eu dialogava muito com ele, às vezes clandestinamente. Tínhamos uma revista no palácio chamada Esquerda 21. Fernando Henrique dizia que eu era bom de papo, mas ruim de voto, pois não votava contra meu partido. Eu retrucava: "O problema de Fernando Henrique é que ele é bom de conversa, mas, na hora H, vai para o motel com a direita". Nós nos dávamos bem, não éramos inimigos. Quando ele era ministro das Relações Exteriores no governo Itamar Franco, conversava muito conosco, pois havíamos estabelecido uma boa relação durante o impeachment de Fernando Collor, tanto com ele quanto com Mário Covas.

Ele estava em dúvida se seria candidato a deputado federal em 1994. Lula tinha 43% das intenções de voto. Quando ocorreu toda a turbulência do Plano Real, Fernando Henrique queria que aprovássemos o Fundo Social de Emergência e nos chamou para conversar. Estávamos presentes eu, José Dirceu e Aloizio Mercadante. Dissemos: "Está difícil". Naquela época, estávamos à direita dentro do partido e havíamos perdido para a esquerda no Encontro do PT. Fernando Henrique nos chamou para conversar e disse: "Olha, Antônio Carlos Magalhães vai apoiar a criação do Fundo Social de Emergência; o partido dele, o PFL, é o maior da Câmara. Mas terei que ser o candidato anti-Lula". Eu questionei: "Para derrotar o ABC, você vai para a direita?". Ele respondeu: "Eu sei". E fez a seguinte observação: "A política tem dois centros de gravidade; se o adversário vai para um lado, vou para o outro. Para derrotar o ABC, vou para a direita". Naquela época, no parlamento, tudo era muito intenso, claro. Não era essa coisa pobre de hoje. E isso está muito claro, não se trata de saudosismo não.

36

Ministro sem pasta

Os bons desempenhos políticos de José Dirceu, Aloizio Mercadante, de mim mesmo e de alguns intelectuais de São Paulo contribuíram para a eleição de Lula. No entanto, isso também gerou um problema moral: passamos a ser vistos como vestais incorruptíveis e intocáveis.

O clima de investigação sempre me incomodou, tanto que nunca fiz requerimentos nesse sentido. Durante o impeachment de Fernando Collor, fiquei apreensivo no momento do requerimento da CPI. Uma passagem do livro *Notícias do planalto*, de Mário Sérgio Conti, menciona minha contrariedade à CPI. Devido à minha história como perseguido político, desconfiava desse clima punitivista, que me deixava desconfortável, como se algo estivesse errado.

Vivi esse processo. Havia um Ministério Público inquisitorial, uma Polícia Federal inquisitorial e uma imprensa inquisitorial, e nós nos tornamos reféns dessa situação. Esses mesmos atores transformaram o PT em inimigo e nos atacaram impiedosamente. Tive um episódio marcante com Ruy Mesquita, dono do Jornal da Tarde e do Estadão. Uma jornalista do Estadão publicou uma matéria mentirosa sobre mim — afinal, quando os jornalistas entram em uma disputa investigativa, todos querem dar o primeiro "furo".

Antes das eleições de 2002, candidatos a governador e deputado precisavam ter CPF e conta de campanha específicos. No meio da campanha, criaram a conta do CNPJ, para a qual transferi o que havia arrecadado. Uma operação perfeitamente legal. Quando quebrei meu sigilo bancário na CPI, essa transferência de R$ 500 mil apareceu. Pronto! A manchete foi: "Genoino, presidente do PT, movimenta R$ 500 mil".

Na época, eu escrevia uma coluna no Estadão. Peguei a matéria e fui até Ruy Mesquita: "Não posso continuar escrevendo em seu jornal, porque essa matéria é mentirosa", disse-lhe. "Por mim, você pode continuar escrevendo", respondeu Ruy Mesquita. E completou: "Se quiser, entre na Justiça; vou até o Supremo, mas você vai ganhar, pois vejo, pelos documentos, que está tudo certo. Se eu demitir a menina, alivia?". "Não a demita; deixe-a", falei. Certo dia, cruzei com a moça na escadaria da Câmara dos Deputados e ela estendeu a mão. "Não posso apertar sua mão, sou corrupto, e, se um corrupto apertar a mão de uma pessoa pura, a contamina. Você fez uma sacanagem comigo e doeu muito, por isso não aperto sua mão", disse-lhe. Ela chorou.

Essas coisas me marcaram profundamente; fui muito afetado por esse processo, porque não faço política por obrigação, mas por uma razão de vida.

Justiça seja feita ao velho Antônio Carlos Magalhães, que um dia, já no fim do mandato, me disse: "Não lhe falei que aquele pessoal ia trair vocês? Anote aí: proibi meu filho e meu neto de falarem mal de vocês". O "tampinha", seu pai e seu tio Luiz Eduardo nunca falaram mal de mim.

Durante dez anos, da Constituinte de 1987 a 1998, fui protagonista, figurando entre os dez mais influentes da Câmara dos Deputados. Tinha o aval da grande mídia, pois escrevia quinzenalmente no Estadão e no Jornal da Tarde, da família Mesquita. Estava na ribalta quando recebi um sinal de que estava caindo.

Nas eleições para o governo de São Paulo em 2002, quando fui para o segundo turno contra Geraldo Alckmin, a manchete da Folha de S. Paulo foi: "José Genoino, de coroinha a guerrilheiro, quer ser governador de São Paulo". Ignoraram todo o meu período na Constituinte, minha principal experiência parlamentar. Para eles, eu era apenas o coroinha do padre e o guerrilheiro.

Nunca me esqueço de um episódio. Lula, sempre que ia falar a algum jornal, me levava consigo. Nesse aspecto, sempre foi muito decente comigo. Certa vez, em um almoço oferecido pela Folha de S. Paulo, um dos filhos do velho Frias disse a Lula: "Lula, como você quer ser presidente da República se não é doutor?". Lula, já se levantando, virou-se para o velho Frias e falou: "Dr. Frias, neste momento, agradeço o almoço, mas vou embora". O almoço foi suspenso.

Vivi muitas situações como essa na campanha. Cheguei ao segundo turno e, se na presidencial o Lula tivesse vencido o Serra dentro do estado de São Paulo, eu teria ganhado aquelas eleições para o governo, mas... o pessoal do interior de São Paulo dizia: "Ó, Genoino, você é legal, mas Lula, Marta e você juntos é dose. Votaríamos em você, mas os três juntos não dá".

Marta Suplicy era prefeita de São Paulo. Quando me tornei presidente do PT, no primeiro ano, o próprio Lula chegou a dizer que eu era um ministro sem pasta.

Em 2003, quando Lula assumiu seu primeiro mandato como presidente, eu era uma espécie de líder da bancada do partido, devido ao meu conhecimento. De certa forma, o mensalão e seus desdobramentos provocaram uma ruptura radical que me levou a uma profunda reflexão. Por isso, as opiniões que tenho agora não são coisas do momento, mas do acúmulo.

Antes do nascimento do PT, em 1980, meus familiares votavam no MDB, que surgiu após o golpe militar de 1964. Antes do MDB, votavam no PSD, principal partido em Quixeramobim, partido de Juscelino Kubitschek e Parsifal Barroso, que foi candidato a governador do Ceará na seca de 1958. Naquela época, o quadro partidário era composto por PSD, PTB e UDN. Carlos Jereissati, pai do governador Tasso Jereissati, foi um senador progressista pelo PTB. Os comunistas, na clandestinidade, se abrigavam no PTB.

O Ceará tem certas características. Fortaleza sempre foi uma cidade muito progressista, até chamada de cidade feminina, que já teve três mulheres prefeitas, mulheres típicas, e não quaisquer mulheres.

37

Lula disse: “Vou te segurar”.

Confesso que em 2002 concorri ao governo de São Paulo sem grande entusiasmo, pois meu objetivo era ser eterno deputado e, no máximo, Presidente da Câmara. Aceitei a candidatura por causa do projeto que elegeu Lula presidente e porque ele, em nossas conversas, foi claro conosco, o núcleo político do PT. Lula estabeleceu três condições para vencer as eleições de 2002, e estava certo. Primeiro, queria candidatos a governador que não fossem “postes” para impulsioná-lo, mas que tivessem densidade eleitoral própria em estados como Rio Grande do Sul, São Paulo, Minas Gerais, Rio de Janeiro e Bahia. Segundo, era necessário flexibilizar o programa do PT aprovado no Encontro de Recife, que pregava ruptura etc. Lula queria suavizar o conteúdo do programa, o que foi feito por Antonio Palocci, coordenador do programa. A terceira condição era ter o empresário José Alencar como vice.

Participei de duas das três condições: fui candidato a governador de São Paulo e ajudei a articular a escolha de José Alencar para vice. Minha candidatura impulsionou a legenda, pois cheguei ao segundo turno. Foi o período em que o PT elegeu o maior número de deputados em sua história, chegando a 96, quase o dobro do que elegemos em 2022.

A aliança do PT apenas com o PL do José Alencar era muito restrita, e a aliança de esquerda foi ainda mais restrita, apenas com o PCdoB. Minha chapa, inclusive, era “puro sangue”, com Luiz Marinho, também do PT, como vice. Fiz uma campanha muito presencial. Visitei 620 cidades do estado de São Paulo em dois anos, o que rendeu excelentes dividendos políticos para o PT, que elegeu sua maior bancada de deputados em São Paulo. E isso, reconheço, me trouxe a consideração do partido.

Até então, tudo corria bem. No entanto, ao ser escolhido presidente do PT, tornei-me um defensor político do governo Lula. Defendi a reforma da Previdência, as alianças, a reforma do sistema financeiro e a não participação na ALCA. A oposição também me chamou de ministro sem pasta. Quando surgiram os dissidentes que formaram o PSOL — Luíza Helena, Babá, Luciana Genro —, fui favorável à expulsão deles. Hoje, reconheço que foi um erro; eles deveriam ter permanecido no PT, pois teriam saído por conta própria mais cedo ou mais tarde. Poderiam ter sido censurados, mas não expulsos. Faço autocrítica desse erro.

Tornei-me um defensor fiel do governo Lula, tanto que ele dizia que eu era um deputado sem mandato. Articulava votações e atraía pessoas importantes do Senado para nossas posições, por intermédio de José Sarney e Antônio Carlos Magalhães na CCJ, porque a articulação política do governo era muito frágil.

José Dirceu cometeu o erro de ir para a Casa Civil. Se tivesse disputado a presidência da Câmara e fosse presidente do PT, teria muito mais força perante Lula. Acabou indo para a Casa Civil e lá se portou como primeiro-ministro, e aí se deu mal. Para ser justo, na primeira reunião com Lula, ele queria que eu fosse para a Secretaria da Presidência para articular com o Congresso, mas uma parte do PT discordou, alegando que eu, Mercadante, José Dirceu, Gushiken e Palocci éramos o "paulistério". Com isso, por sugestão de Lula, fui para a presidência do PT.

Eu não tinha argumentos para recusar a presidência do PT, apenas disse que não tinha experiência, não estava na máquina, não era da maioria e não me sentia em condições ideais para presidir o partido. Mas Lula disse: "Vou te segurar". Tanto que, na reunião do Diretório Nacional, foi oficializado que eu substituiria José Dirceu. Lula então interveio para que eu fosse presidente de fato e não apenas substituto.

Esse problema já havia surgido no discurso da vitória de Lula em 2002 e também está relatado no livro de José Dirceu, que disse ter sentido que Lula não era muito chegado a ele, pois, em vez de ser ele a falar pelo PT na Avenida Paulista, Lula determinou que eu falasse pelo partido — eu, Marta Suplicy e Lula falamos, mas o presidente do PT, José Dirceu, não falou, o que feriu seu orgulho.

Como presidente do PT, Lula me incluía em todas as reuniões do comando do governo. Íamos eu, Casa Civil, Economia e líderes do governo na Câmara e no Senado. Como a Casa Civil não cuidava bem da articulação política — que praticamente não existia até Aldo Rebelo assumir como ministro da Secretaria de Coordenação Política e Relações Institucionais —, eu cobria funções na Câmara dos Deputados. Eu me dava bem com João Paulo e ia lá discutir. Houve um episódio em que, na eleição de Severino Cavalcanti para a presidência da Câmara, defendíamos a candidatura da bancada, que era Luís Eduardo Greenhalgh, mas Virgílio Guimarães se opôs, o PT se dividiu e se deu mal, pois Severino venceu a eleição.

Então começou a crise do mensalão. Em todos esses episódios, eu era defensor do governo Lula. Quando Lula foi ao Fórum Social Mundial em Porto Alegre, defendeu a participação nesse fórum, mas também em Davos. Dei uma entrevista coletiva defendendo a posição de Lula: "Acho que Lula está certo; ele deve participar do Fórum Social Mundial no Brasil e também ir a Davos". Nesse momento, uma jornalista do Jornalistas sem Fronteiras jogou uma torta na minha cara. Não foi uma militante LGBTQIA+, mas uma jornalista que fez isso.

38

Entre a poesia e o sangue

A minha atuação como deputado granjeou-me uma imagem positiva junto ao eleitorado, que, no entanto, começou a se desgastar com os episódios subsequentes. O ápice da corrosão, porém, ainda estava por vir.

Ao assumir a presidência do PT, minha imagem se desgastou perante setores liberais e da imprensa, pois deixei de ser apenas uma fonte para me tornar defensor do governo Lula. "Quando você era deputado era bom, mas agora está no projeto e vai levar chumbo", diziam. Pura expressão da luta de classes. Seguiu-se uma série de matérias com o objetivo de atingir o PT. Recordo-me de uma capa da revista Veja que mostrava os tentáculos de um molusco cercando o mapa do Brasil, insinuando que o PT aparelhava o Estado. Fizeram uma campanha para que os militantes do PT não ocupassem cargos públicos, algo semelhante ao que vimos na entrevista do Jornal Nacional da última eleição, quando questionaram Lula: "Lula, tudo bem. Você está aí, evoluído, e o PT, e o corporativismo, e os sindicalistas, e a base?". A direita até aceita Lula, mas não o partido, pois o PT representa essa base social que se fortaleceu na rebeldia, no calor das lutas e das reivindicações.

Como presidente do PT, percorri os 27 estados da Federação. Mesmo quando não estava em Brasília, visitava o PT local, promovia plenárias, fui a Curitiba defender a reforma da Previdência e levei críticas, viajei para o Rio Grande do Sul, São Paulo, Rio de Janeiro, para todos os cantos. Assumi a defesa do governo Lula.

Sou um homem que luta ao lado do povo, participei de uma guerrilha; usando de minha inteligência e formação política, ataquei os poderes constituídos. Ao mesmo tempo, ingressei no parlamento em 1982 e, em 2003, cheguei ao poder. Em 2013, contudo, fui transformado em "janela". Como isso aconteceu? A explicação é simples. Em primeiro lugar, errei ao apoiar a Carta aos Brasileiros em 2002, um compromisso de Lula com a ordem, com o respeito aos contratos, acordos e regras, o que representou uma concessão excessiva. Em segundo lugar, sempre trabalhei no limite, tensionando entre a ordem e a contraordem, "assina mas não vota, vota mas não assina". Em 2003, no entanto, mergulhei na ordem, acreditando que, por dentro dela, poderíamos realizar as mudanças necessárias no país.

Como deputado, a economia era apenas um alvo. Como articulador do governo, passei a me reunir com o pessoal da Economia, o que era uma novidade.

Na primeira reunião de articulação do governo Lula, disse a Mercadante e a José Dirceu: "Somos os menudos e estamos com o museu do poder".

O que era o "museu do poder"? Antônio Carlos Magalhães, José Sarney, a Câmara, deputados, PTB, PL... Eles eram o museu do poder. Nós tínhamos vindo de fora, entramos e nos domesticamos, acreditando na solução dentro da ordem. Foi um baque quando essa mesma ordem em que eu apostava me derrubou, me sacrificou e me triturou com bala dum-dum, aquela que explode dentro do corpo. Senti-me rachado, dilacerado, porque a política, para mim, durante muitos anos, era alegria, debates, discursos, poesia pura. Agora, eu experimentava o sangue, a política começou a sangrar, a ser doída, a me sacrificar. Fiquei dividido entre a poesia e o sangue. O sangue era eu levar pancada por defender o governo e já não ter o mesmo espaço para fazer a política que fiz na Constituinte; fui cindido por essa contradição.

Com o processo do mensalão, senti-me ainda mais dividido. Fiz então uma escolha semelhante à que fizera ao ser preso no Araguaia, quando disse a mim mesmo: "Estou preso, ferrado, derrotado e vou para a resistência". Ao ser atingido pelo mensalão e afastado da presidência do PT, pensei: "O único caminho que tenho é resistir, preservar o mínimo de dignidade política". Atravessei a denúncia, o recebimento da denúncia, a condenação e, por fim, a prisão. Nesses quatro momentos, minha tática foi resistir para me manter minimamente de pé.

Foi uma escolha consciente. Nessa resistência, fui elaborando as reflexões políticas que mencionei. Percebi que havia encerrado um ciclo da minha vida, o ciclo da poesia, do florescimento, da negociação, da grande política. Eu estava agora experimentando o sangue, estava sangrando e tinha que me segurar para viver.

Cheguei ao limite em 2013, após a condenação, com o aneurisma da aorta. Dei entrada no hospital com 10% de chance de sobreviver; tenho até uma prótese aqui dentro. Foi isso que vivi. Uma coisa muito delicada. Senti que minha vida estava por um fio, que eu caminhava no fio da navalha. Apeguei-me ao que minha terapeuta Vera dizia: "Você tem que fazer política sem adereço; abandone tudo e faça a política só como José Genoino". E assim vivo agora.

39

Volta às bases

A partir da resistência, voltei-me para as rodas de conversa, para o diálogo em torno de leituras, com o movimento sindical e as instâncias do PT — diretórios e plenárias. Essa jornada culminou no 7º Congresso do partido, no final de 2021, onde defendi a tese de que o PT precisava renovar seu programa político e fazer uma autocrítica dos erros cometidos durante os governos Lula e Dilma. Argumentei com Gleisi Hoffmann, presidenta do partido, que ela deveria liderar o PT em uma aliança com todas as tendências internas. Como o PT e Gleisi não aceitaram essa proposta, senti-me livre para discursar diretamente às bases do partido.

Foi o primeiro discurso que fiz para as bases do PT, em seu 7º Congresso, na Casa de Portugal. Confrontei Gleisi Hoffmann, que contava com o apoio da minha antiga "tropa" — Lula, Arantes, Dirceu —, chamada de OTAN, pois éramos os "generais" que dirigiam o partido. Defendi a candidatura do companheiro Valter Pomar, que pertencia à minoria quando fui presidente do partido. Isso representou um salto de qualidade em minha posição política.

Nessa fase da minha militância política, experimentei vários momentos de solidão. O primeiro foi quando deixei a presidência do PT, em 9 de julho, e me refugiei com Rioco em uma casa espaçosa em São Paulo, onde passamos um fim de semana prolongado. Eu simplesmente não estava aguentando. O segundo momento foi quando me isolei em meu pequeno escritório, na casa do Butantã, para fazer minhas reflexões, completamente só.

Ficava apavorado ao receber um telefonema. Até hoje tenho trauma de telefonemas, pois geralmente eram de juízes, investigadores ou jornalistas querendo me interrogar. Por isso, tenho dificuldade em usar o WhatsApp: qualquer notificação que soasse me causava sobressalto, com a expectativa de ser algo relacionado ao processo.

Foi um período de muita dor, pois eu estava sozinho, maturando tudo aquilo, e conversava com poucas pessoas. Conversava com Serginho, meu assessor de longa data, com pessoas de sua família e alguns poucos companheiros do PT que me visitavam, como Valter Pomar, Rui Falcão e um ou outro membro de correntes minoritárias do partido. Eu tinha medo das câmeras, que me faziam lembrar um carro de polícia. Na minha primeira entrevista, concedida ao Blog Terra, de Bob Fernandes, não conseguia falar. O problema com as câmeras, para mim, era que me remetiam ao pau-de-arara da ditadura. Isso em 2006, 2007, 2008.

Além disso, havia o jornalismo de guerra, representado pelas televisões corporativas com seus programas sensacionalistas, como CQC e Pânico, que me perseguiam. Faziam plantão em frente à minha casa para me ridicularizar, fazer "escracho". Eu ficava apavorado quando recebia telefonemas e quando o oficial de justiça aparecia. Renunciei ao meu sigilo fiscal, mas resolveram criar problemas com a minha casa, que foi avaliada em 100 mil quando a comprei. Como fiz uma reforma, decidi acrescentar 20 mil ao seu valor, e isso gerou intimação e investigação da Receita Federal. Levei todos os documentos à Receita, mas a situação se tornou kafkiana. A atendente da Receita questionava: "Você só tem isso? Você não tem só isso!". Eu respondia: "Só tenho isso". E ela retrucava: "Não acredito". "Por que não acredita?", eu perguntava. "Você é famoso e é corrupto, como é que só tem isso?", insistia a moça, que reteve os documentos por um mês antes de liberar e declarar que não havia nenhum problema com a Receita.

Fui objeto de pente fino por causa da denúncia do mensalão. Foi um inferno. Um processo muito dolorido. Toda semana eu recebia uma "facada". Por exemplo, a coisa que mais me apavorava: minha conta bancária bloqueada. Qualquer dinheiro que caísse na conta ficava retido. Era uma penitência, uma via sacra que eu percorria, excomungado pelo sistema. E o meu destino? Eu me perguntava: "Vou morrer ou não?".

Fui construindo alicerces para a resistência. Apoiava-me no advogado, Luiz Fernando, e ele se apoiava em mim, pois também era muito afetado por aquele clima. Tanto que, em uma das audiências, ele se exaltou com o ministro do STF, Joaquim Barbosa, que agia como o temível inquisidor Tomás de Torquemada na Florença em plena Renascença.

Quando fiquei em prisão domiciliar, tinha trauma com a campainha, pois o oficial de justiça podia chegar a qualquer hora. Se ele chegasse e eu não estivesse em casa, voltaria para a cadeia. Eu morava em um condomínio. A distância da portaria até a casa era de uns 30 metros. Se ele tocasse a campainha lá, eu podia não ouvir. Então, dei um jeito de instalar uma campainha que ligasse a campainha do portão à da casa, para que eu pudesse ouvir quando o oficial de justiça chegasse. Eu tinha medo de ele chegar e eu não ouvir a campainha.

Sentia-me acuado por um sistema. O livro que melhor retratou essa situação foi mesmo *O processo*, de Franz Kafka. Assisti ao filme nos anos 1960, em Fortaleza. Depois li *A metamorfose*. Identificação pura com ambos. Me aconselharam a não ler *Colônia penal*, do mesmo autor.

José Genoino como deputado na Constituinte (1987)

40

Execração pública

As pessoas não têm noção do que significa a coação e a opressão sobre o ser humano. O inquisidor não tem limite, transforma você em coisa. A minha prisão domiciliar foi concedida porque eu tinha feito a cirurgia do aneurisma e não podia comer comida com vitamina K, pois a vitamina K é mortífera para quem tem problema de coagulação do sangue, pode causar embolia pulmonar ou sangramento interno, e a comida da penitenciária tem vitamina K. Foi no exame no Instituto Médico Legal, sob orientação da enteada do ministro do STF Gilmar Mendes, que não tinha nada a ver com o Instituto e nem com o Poder Judiciário, que o risco de morte foi confirmado.

Ela disse ao médico da Papuda: "Olha, faz exame de corpo de delito nesse homem e pede uma autorização do ministro do STF para tirá-lo daqui, porque, se ele comer a comida da penitenciária, vai morrer aqui, e, se ele morrer, você será o culpado, pois é o médico". Então o médico da Papuda exigiu dieta e todo dia fazia exame de coagulação e mandava para o meu médico, Dr. Cristiani. Conforme fosse a coagulação, o médico dizia corta isso, corta aquilo. Mas eu ficava cercado, por exemplo, quando ia assinar — porque, em prisão domiciliar, você tem que assinar. Encontrava a equipe de TV, e isso era um drama terrível, como se a polícia, o DOPS, onde fiquei preso e fui torturado, fosse substituído pela equipe de TV, o efeito psicológico era o mesmo.

Em 1977, quando saí da cadeia, ficava apavorado ao ver um carro da polícia. Em 2014, ao ver um cara da TV Globo ou da TV Bandeirantes, sentia a mesma coisa. Por isso decidi não dar mais entrevista para a chamada grande imprensa. A última tentativa que fizeram para me entrevistar foi quando um delator da Lava Jato falou uma coisa que não deu em nada, dizendo que me conhecia e que teria passado na minha casa. Abriram contra mim dois processos com os mesmos argumentos, se um não desse certo, o outro poderia dar.

Havia o processo do mensalão no STF, que se referia ao empréstimo que eu havia assinado do Banco Rural, no valor de 2 milhões e meio. Mesmo processado no mensalão, fui eleito deputado federal em 2006 e diplomado em 17 de dezembro daquele ano. Na véspera da minha diplomação, para burlar a Constituição que diz que a partir da diplomação o deputado não pode ser indiciado sem autorização do Supremo, na noite anterior à minha diplomação o procurador de Minas e o juiz aceitaram a denúncia contra mim, por causa do empréstimo do BMG.

Eu queria que o processo do BMG tramitasse junto com o processo do Banco Rural, pois tinham o mesmo objeto e se referiam à mesma coisa. O promotor fez a denúncia por eu ter assinado o empréstimo do BMG, e, em 30 minutos, o juiz aceitou a denúncia e instaurou o processo. Ao ser diplomado, o processo já estava em curso. Recorremos ao STF e conseguimos um empate. As atas do Supremo mostravam os ministros Gilmar Mendes e Marco Aurélio fazendo gozação do juiz que tinha aceitado a denúncia em 30 minutos.

A questão do empréstimo do Banco Rural estava no Supremo, e o do BMG, na primeira instância. O ambiente criado no país era opressivo. O clima de perseguição política, que se aguçou ainda mais com a tal operação Lava Jato, já era asfixiante. "Se não der certo em um, no outro a gente pega", pensavam eles. Tanto foi assim que pedimos que os dois processos corressem juntos no Supremo, mas, com a votação empatada, aquele filho de má senhora do Aires Brito disse: "Como se trata de matéria constitucional, de competência do Supremo, a presidência da Corte vota". Então a Ellen Gracie, presidenta do STF, desempatou contra mim.

No processo que corria na primeira instância, a denúncia era por falsidade ideológica, o empréstimo seria falso, e não era falso porque estava registrado na contabilidade do PT e no TSE. Dependendo do andamento do processo que tramitava no Supremo, esse processo caminharia ou não. Quando o Supremo me condenou e fui cumprir pena pelo empréstimo do Banco Rural, parou de tramitar o processo do BMG, que corria na primeira instância e caiu por decurso de prazo quando veio para a 3ª Região, em Brasília. Mas eu já estava condenado pelo mensalão no processo do Banco Rural.

Os dois processos eram iguais, tinham o mesmo objeto; essa duplicidade tinha como única finalidade me destruir como político e desestruturar como ser humano. Fui condenado por corrupção ativa e por organização criminosa. Essa última condenação caiu, mas subsistiu a por corrupção ativa. Fui para a cadeia e fiz remissão de pena, dando aula e assistindo provas de computador, história, direito constitucional. Dependendo do meu desempenho nas provas, dias e semanas eram abatidas da pena. Fiz isso no presídio da Papuda.

O ser humano não é morto, mas é acuado, e senti o que é a coação contra o ser humano. Havia uma discussão se eu ia ou não para a Papuda. A junta médica da Câmara dizia que eu tinha uma debilidade grave, por causa do aneurisma na aorta. Tem deputado na Câmara que se aposenta com aparelho marca-passo. A minha aposentadoria não é integral porque esse tipo de aposentadoria é concedido a deputados afetados por enfermidades graves. Se me reconhecessem o direito à aposentadoria integral, não poderia voltar para a prisão, e eles queriam que eu voltasse para a prisão. O ministro Joaquim Barbosa indicou uma comissão de médicos que deu um parecer autônomo da Câmara dizendo que eu podia voltar para a penitenciária, desde que tivesse dieta especial, porque tinham medo de que eu viesse a morrer, se comesse a vitamina K contida nos alimentos servidos na prisão.

Escolheram o dia 1º de maio, Dia do Trabalho, para me recolherem na Papuda. Dia 3 era o dia do meu aniversário. Como eu vivia cercado, vigiado e exposto à execração pública durante a prisão domiciliar, até fiquei alegre quando fui para a Papuda. "Finalmente, vou ficar trancado aqui e ninguém enche meu saco", pensei. Imagina você gostar de ser preso para se livrar daquela tensão com as inopinadas visitas do oficial de justiça, que se mancomunava com a imprensa para me transformarem em espetáculo. Preferia ir para a cadeia. Foram 4 anos e 4 meses de cadeia.

Com a remissão de pena, saí da Papuda, mas não podia ficar em São Paulo. Paguei aluguel para ficar em prisão domiciliar em Brasília. Eles fizeram outro absurdo, sobre o qual ninguém hoje fala: condenaram-nos e decretaram uma multa astronômica e, se não pagássemos a multa, não sairíamos da cadeia, coisa que nunca mais fizeram, nem mesmo na Lava Jato. Multa de R$600.000,00 para mim, R$1.200.000,00 para o José Dirceu e outros tantos mil para o Delúbio Soares. Soube por outros que hoje o Henrique Pizzolato acumula mais de 1,2 bilhão de reais em multas. Qual o cabimento disso?

41

Paulada

O episódio do mensalão delineou-se como um prelúdio experimental para os desdobramentos subsequentes no cenário político e jurídico brasileiro. Nessa conjuntura, surgia a controvérsia de que ninguém deveria ser aprisionado por dívidas, destacando-se a peculiaridade de que a reclusão se baseava na incapacidade de quitar multas, tratadas, neste contexto, como parte integrante da punição. Foi a partir dessa nuance que se desenhou o perfil da justiça de exceção, conceito ao qual o PT não atribuiu a devida importância inicialmente. Quando a operação Lava Jato ganhou impulso, visando especificamente o PT e a figura de Lula, o partido adotou uma postura distintamente defensiva, motivado pela preocupação de que a captura de Lula poderia precipitar uma crise ainda mais profunda.

No ano de 2012, momento em que fui condenado, testemunhei uma onda de solidariedade materializada numa carta endossada por milhares, incluindo o renomado compositor Chico Buarque, um ato que reafirmava o suporte e compreensão da comunidade artística e intelectual. E pasme! O governo Dilma proibiu seus ministros e ministras de assinarem a carta. Marta Suplicy, que era minha amiga, foi a única que descumpriu essa determinação. "Vou para o exterior, mas assino a carta. Deixa aí", disse-me ela. E disse mais: "Vou te visitar na prisão, Genoino". Marta sabe fazer as coisas. Foi a única que entrou num carro oficial, placa verde-amarela, pretão, e foi me visitar. Fez isso, claro, de propósito. Chegou lá e me disse: "Tô dando aí a minha contribuição para pagar a multa". Sofri muito, foi horrível, os piores dias da minha vida. Depois disso, chegaram-me três notícias de matar: Marta Suplicy sai do PT, eu era muito ligado a ela; morre Inês Etienne

Romeu, militante e dirigente da VAR-Palmares (Vanguarda Armada Revolucionária-Palmares); e a ministra do STF, Rosa Weber, suspende a ação penal contra o coronel torturador Brilhante Ustra. Paulada. Nessa noite, tive que tomar um remedinho para dormir.

42

Instinto de sobrevivência

Não digo que o PT, nos últimos 40 anos, tenha sido propriamente representante do "trabalhismo" brasileiro. Na minha análise, Getúlio Vargas deu a cidadania à classe trabalhadora com a Carteira do Ministério do Trabalho e a CLT (Consolidação das Leis Trabalhistas). Já o Lula deu cidadania ao povo brasileiro pondo o povo no orçamento. São coisas diferentes. Os dois se igualam por terem se chocado com a ordem. Getúlio cuidou dos incluídos e Lula cuidou dos excluídos. Ambos são grandes estadistas.

Toda vez que o Brasil ousou botar a mão na igualdade social, nos direitos sociais e direitos democráticos, houve golpe de estado, contra Getúlio, depois tentaram contra Juscelino, Jango e, por fim, Dilma e Lula. Se sintetizarmos tudo, chegaremos à conclusão de que os três golpes de estado foram dados para impedir que se realizassem reformas sociais: Jango, por causa das Reformas de Base; Getúlio, por ter dobrado o salário-mínimo e criado a Petrobras; Dilma (e Lula) por causa da inclusão social e terem colocado o povo no orçamento.

Certa vez, meio baqueado, fui à casa do professor Antonio Cândido, essa figura impoluta e impecável, que recebia as pessoas de paletó e gravata e, em respeito às visitas, retirava o telefone do gancho. De modo dramático, ele me disse: "Levanta a cabeça, Genoino! Vocês fizeram a maior revolução social no Brasil, botaram o povo no orçamento". É criação do Antonio Cândido a expressão "colocar o povo no orçamento". E continuou: "No capitalismo o orçamento não é para o povo e sim para o capital, para pagar dívida, superávit. Mas vocês esqueceram de duas coisas: primeiro, ganharam a barriga e não a cabeça do povo; segundo, vocês tiverem ilusão com a burguesia brasileira, que é escravocrata, racista, patriarcal e autoritária. Ela mata. Vocês confiaram nela e quebraram a cara".

Vivemos esse dilema crucial, fomos vítimas de um sangramento guerreiro, de uma guerra. O Lula tem um instinto de sobrevivência anormal; ou é sorte ou são os astros ou é o valor do cara ou tudo isso junto. O alvo era ele e ele sabia driblar, principalmente quando o dele estava na reta.

43

O Brasil não é para principiantes

Se pegarmos a história do Brasil, de 1982 para cá, desde que ganhou a primeira prefeitura em Diadema (SP), o PT melhorou a qualidade de vida do povo brasileiro no Acre, Rio de Janeiro, Rio Grande do Sul, São Paulo... Diadema era um favelão, agora é uma cidade civilizada. Minha Casa Minha Vida, Ciência sem Fronteira, as cisternas do Nordeste e tantos outros projetos que deram certo.

Esse processo, que é um reformismo com traços de radicalidade do PT, fez com que a classe dominante experimentasse um antipetismo doentio, como se fosse o anticomunismo dos anos 1950, contra o Bolsa Família, contra as cotas, contra a mulher, e, a partir daí, prepararam o terreno para o golpe. O alvo deles não era a Dilma Rousseff, mas o Lula. Por que não deixaram a Dilma ficar quatro anos, mesmo num governo em crise? Porque sabiam que o Lula viria. Tanto é assim que, quando o Lula ia ser chamado para integrar o governo Dilma, foi atingido pelo ministro Gilmar Mendes e impedido de tomar posse como ministro da Dilma.

A classe dominante chegou à seguinte conclusão: "Mantendo as regras da democracia liberal, esse cara ganha todas; temos que alterar as regras da democracia liberal e dar o golpe". E fizeram o golpe. Não acreditavam que a determinação do Lula, a sorte, a resistência popular e o acaso — pois na História há o acaso (os "hakers de Araraquara", por exemplo) — pudessem reverter o golpe.

Lula é absolvido, volta maior do que era quando se deixou levar à prisão e vira essa grande figura de estadista que está aí. Não, o Brasil não é para principiantes. Você só entende o Brasil, em sua realidade, se você for um lutador, se participar da luta.

44

Unir a tática com a estratégia

Eu podia estar agora no governo, em Brasília, mas estou aqui dando esta entrevista por tantos dias para vocês. Estou aqui em Curitiba quase que clandestino, pois ninguém sabe que estou aqui. Bem, estamos com um problema. As entranhas do Brasil foram mexidas. Nada está intocado. Então o Lula deve ser resistência. Se deixarmos de ser resistência para sermos *status quo*, estaremos fritos. Temos que fazer um governo de conflito e de resistência.

Excomungado pelo sistema, escanteado como um maldito, escolhi radicalizar. Qual meu sentimento em meio a todas essas lutas e qual a minha base de segurança para uma nova conceituação do que é revolução?

A revolução transcende a mera efemeridade de um momento, uma data ou um evento isolado. Não se limita à tomada de um palácio, à deflagração de uma greve geral ou ao resultado de uma eleição. A revolução, em sua essência, é um estado de luta incessante, de conflito permanente, de experimentação contínua e de persistência em trilhar novos caminhos. É uma postura de inconformismo, uma atitude de rebeldia, um programa de transformação e uma estratégia de ação.

A revolução irrompe como um brado dos "ninguéns", dos despossuídos, daqueles que anseiam por direitos e almejam moldar o futuro. É a insurreição dos marginalizados que clamam por protagonismo e desejam assumir as rédeas de seu destino.

Para mim, a reinterpretação do conceito de revolução se torna significativa quando a compreendemos não como um evento com origem definida, mas como algo imanente à própria natureza humana, ao sujeito coletivo. As palavras de Félix Guattari ressoam com força: "a felicidade só é subversiva quando é coletiva". A revolução, nesse sentido, emerge como um ato coletivo que se desdobra em um caminho com diferentes temporalidades: o imediato, o médio e o longo prazo.

No presente imediato, a revolução se materializa na luta contra a fome, o desemprego, a miséria, na busca por comida, vacina e um salário-mínimo digno. No médio prazo, almeja-se a conquista de direitos básicos como saúde, educação e acesso à água. Já no horizonte de longo prazo, o desafio reside em confrontar o capitalismo que, em sua voracidade, coloca em risco a própria humanidade em três áreas cruciais: saúde, guerra e meio ambiente.

A esquerda, para navegar nesse mar revolto, precisa ter clareza de seu destino. Afinal, o caminho é repleto de bifurcações, como placas que indicam diferentes direções. É como se, ao caminhar, nos deparássemos com um aplicativo de navegação que nos guia, mas exige que saibamos nosso destino final. As ruas pelas quais passamos, as diferentes táticas que utilizamos, devem estar a serviço de uma estratégia maior.

Em termos práticos, só podemos determinar o rumo da revolução se tivermos um programa definido. Ansiamos por qualidade de vida, direitos, liberdade, bem-estar, ar puro, água limpa e felicidade material, espiritual e cultural para todos? Se sim, é necessário construir um programa que explicite tanto o destino almejado quanto as veredas que nos conduzirão até ele.

Vivemos em um momento de efervescência sistêmica, onde as transformações em curso impactam todo o sistema. Para enfrentar essa ebulição, é fundamental que a esquerda se apresente com identidade sólida. Sem isso, a confiança do outro se esvai, pois a crise é de tal magnitude que exige clareza de propósitos. A construção de um sentimento de pertencimento político e cumplicidade se dá em diferentes esferas: nas eleições, na luta por orçamento justo, no combate ao teto de gastos, nos movimentos sindicais, nas universidades, no SUS, na defesa da Amazônia e na integração da UNASUL. É preciso acender diversos focos para impulsionar a caminhada.

A eleição de Lula em 2022 representou um sopro de ar fresco, uma desintoxicação do país. O diálogo entre pessoas que antes se opunham politicamente se torna possível. As algemas que oprimiam o país se afrouxam, permitindo que respiremos e deixemos as flores desabrocharem.

Contudo, não basta apenas respirar e silenciar os conflitos. Em primeiro lugar, porque o conflito não deve ser calado, mas sim civilizado. Ele é inerente à sociedade e deve ser canalizado de forma construtiva. Em segundo lugar, o conflito não existe por si só, mas se manifesta em função de interesses e objetivos divergentes que buscam soluções. É nesse embate que se abrem caminhos para construir pontes entre o dissenso e o consenso. A dialética social se move nesse movimento constante entre discordância e convergência.

Há, no entanto, uma diferença crucial: para a extrema-direita, o dissenso e o consenso são obstáculos a serem eliminados. Já para a direita "gourmet", são ferramentas a serem manipuladas. O Lira, por exemplo, se ofereceu à presidência da Câmara em troca da aprovação da PEC do Bolsa Família.

Para que esse processo não se torne frustrante, é necessário o protagonismo das forças populares de esquerda. Organizadas, elas devem, em primeiro lugar, defender Lula e, em seguida, cobrar que o governo cumpra seus compromissos. Defender e cobrar, esse é o movimento. Sem defender Lula, a esquerda se enfraquece e cede espaço à direita. É preciso fortalecer o governo, mas ao mesmo tempo exigir a concretização de suas promessas. Lula, por sua vez, costuma estimular as divergências como forma de construir uma síntese.

Sou otimista. Creio que vivemos um dos momentos mais ricos da história do Brasil. O país, ao passar pelo que Lula passou, ao purgar o que está purgando, ao enfrentar o que enfrentou em seus 580 dias de reclusão, demonstra sua resiliência. A vitória de Lula, com todas as adversidades que enfrentou, foi um verdadeiro milagre da política. E é por isso que me empolgo com a política: ela é capaz de operar milagres.

José Genoino, negociador no Parlamento.

45

Que as flores desabrochem

É urgente resgatarmos o verdadeiro significado da palavra "revolução". Ela está intrinsecamente ligada à revolta, à rebeldia, à transformação do *status quo* e à compreensão do conflito como elemento inerente à sociedade humana em constante movimento. A utopia de uma sociedade perfeita é falaciosa. Não existe sociedade perfeita, ser humano perfeito ou paz eterna, pois a própria essência humana se ancora no conflito. Desde o nascimento, quando clamamos pelo leite materno, já demonstramos nossa capacidade de reivindicar e lutar por nossos direitos.

Qualquer política que tente domar, subjugar, domesticar ou coagir o ser humano é ilegítima. A sociedade humana é um mosaico de diferentes, um espaço plural onde cada indivíduo busca sua emancipação. E esse conceito de emancipação, entendido como a realização plena do reino da liberdade, é fundamental.

O reino da liberdade, contudo, não se traduz em um paraíso terrestre, mas na busca pelas melhores possibilidades humanas, seja no âmbito da ação concreta, da subjetividade ou de qualquer outra esfera da vida. A esquerda não pode se curvar ao conservadorismo ou à coação. Sua essência deve ser libertária, sem medo do novo, do imprevisível, do acaso. A esquerda precisa construir as melhores condições para o florescimento humano, para que as flores da liberdade desabrochem.

É evidente que, em uma sociedade capitalista, o sistema se estrutura na exploração de uns pelos outros. A ilegitimidade reside nessa contradição, pois nenhum ser humano tem o direito de explorar ou dominar outro. Por isso, me posiciono como radicalmente anticapitalista. O capitalismo, em sua essência, se baseia na exploração, da qual brotam o desemprego, a miséria, a fome e os preconceitos.

A emancipação, portanto, deve ser a mais ampla possível: espiritual, física, cultural, ambiental e social. Ampla e plural, pois o ser humano é, em si mesmo, plural. A contradição se manifesta tanto no sistema social quanto dentro de cada indivíduo.

Essa contradição deve impulsionar o pensamento da esquerda a uma visão avançada, que conjugue a tecnologia de ponta com o legado histórico da sociedade humana. É preciso avançar abraçando as diferenças, em um processo de organização conflituosa. A sociedade humana necessita de uma estrutura que acolha o conflito, que, em última instância, conduza a uma sociedade auto-organizada, sem a necessidade do Estado.

A esquerda cometeu um equívoco ao considerar a "ditadura do proletariado" como um fim em si mesmo. A força não pode ser um objetivo, mas apenas um instrumento para a superação do Estado. O verdadeiro sujeito da história é a socidade humana, não o Estado ou o Partido, estes são meros instrumentos.

46

Poder originário

A consumação do comunismo está intrinsecamente ligada à obsolescência do Estado. Ele funda-se na premissa de alcançar o reino da liberdade, um estágio em que a sociedade humana transcende as amarras institucionais, políticas e econômicas que, até então, delimitaram o esquema de interações humanas. Este ideal comunista contempla uma sociedade onde a liberdade não é apenas um conceito abstrato, mas uma realidade tangível, vivenciada cotidianamente por todos os seus membros, de forma associativa.

O percurso da sociedade humana é marcado por um dinamismo constante que flutua entre evolução e revolução, ruptura e manutenção. Um processo que incorpora a manifestação de forças progressistas, que impulsionam o desenvolvimento social por meio de inovações, e forças conservadoras, que tendem a preservar o *status quo*.

Para a esquerda, um compromisso com a conservação das formas estabelecidas de poder e estrutura social representa uma contradição fundamental com seus princípios fundacionais. A esquerda é chamada a ser a vanguarda da mudança, a força motriz por trás das transformações sociais que promovem uma maior justiça, igualdade e emancipação.

Nessa trajetória rumo ao comunismo, a esquerda deve abraçar uma postura rupturista e inovadora, procurando desafiar e reinventar constantemente as normas vigentes que perpetuam desigualdades e opressão. A necessidade de inovação não se restringe apenas às estratégias políticas ou táticas de mobilização, mas estende-se a uma reorientação fundamental de como concebemos as relações sociais, econômicas e culturais.

Ao promover rupturas significativas com o passado e ao advogar por um futuro cujos contornos são definidos pela liberdade, igualdade e solidariedade, a esquerda se posicionará como protagonista em um processo evolutivo e revolucionário, pavimentando, aí sim, o caminho para a realização do comunismo.

A humanidade se encontra em um momento crucial, onde seu próprio futuro está em jogo. Uma pandemia como a da covid-19, um desastre ambiental de grandes proporções ou uma guerra de escala global são exemplos de ameaças que pairam sobre nós. Diante desse cenário, urge construirmos um novo sentido para o futuro da humanidade, um futuro baseado na cooperação e no pacto social.

A burguesia endinheirada que ergue palacetes em áreas protegidas não está imune aos desastres ambientais. Uma enchente ou uma seca devastadora podem varrer tudo em seu caminho. Negar vacinas à África enquanto a Europa se imuniza é um erro crasso, pois os vírus não respeitam fronteiras. A cada quatro segundos, uma pessoa morre de fome no mundo. Essa desigualdade abissal coloca em risco o futuro de todos nós.

Diante dos desafios prementes que a humanidade enfrenta, a esquerda precisa assumir o papel de vanguarda na construção de um futuro mais justo e sustentável. Para tanto, é fundamental encontrar um equilíbrio entre as demandas imediatas, as de médio e as de longo prazo.

Eu me identifico com a tradição da esquerda que remonta ao Manifesto Comunista de 1848, que propõe a superação da propriedade privada e do lucro como mecanismos de organização social. Essa tradição defende a ideia de que a sociedade humana possui direitos inalienáveis e insubstituíveis, que devem ser garantidos a todos, independentemente de sua origem ou condição social.

O abismo social que se aprofunda em escala global não apenas ameaça a estabilidade do mundo como também clama por uma transformação profunda na forma como nos relacionamos uns com os outros e com o meio ambiente. A esquerda, nesse contexto, tem a responsabilidade histórica de liderar a construção de um projeto de futuro para a humanidade que tenha como pilares a justiça social e a sustentabilidade ambiental, em vez da perpetuação das desigualdades.

O compromisso com os ideais históricos da esquerda, que se originaram com o Manifesto Comunista, serve como alicerce para a construção de um futuro mais equitativo e sustentável. Isso implica questionar e abolir as estruturas que se baseiam na propriedade privada e na busca incessante pelo lucro, dois dos principais motores das desigualdades que assolam o mundo. Em seu lugar, emerge a visão de uma sociedade que reconhece e garante os direitos inalienáveis e insubstituíveis de cada ser humano, independentemente de sua origem ou condição social.

A construção desse futuro pactuado exige uma abordagem holística, que harmonize as demandas imediatas com as visões de médio e longo prazo. É fundamental assegurar que as ações do presente estejam alinhadas com os princípios de equidade e sustentabilidade que devem guiar a jornada da humanidade. Como defensores desse futuro, os que se identificam com a esquerda têm a responsabilidade de liderar pelo exemplo, promovendo as condições para uma sociedade mais justa, onde o bem-estar coletivo se sobreponha aos interesses individualistas e mercantilizados.

A esquerda possui uma história rica e virtuosa, que devemos honrar. Imaginemos a história sem a Revolução Francesa, as revoluções nas Américas, Marx e Engels, a Comuna de Paris, a Revolução Bolchevique, as revoluções vietnamita, chinesa e cubana. A esquerda precisa resgatar essa história, pois ela nos pertence. Se não o fizermos, outros o farão, e certamente não serão o capitalismo ou a direita. Somos herdeiros e parteiros dessa história, e cabe a nós analisá-la criticamente.

A essência do marxismo reside na análise crítica da situação concreta. Essa análise deve ser inovadora, buscando resgatar o que é universal na luta pelo socialismo, revigorando-a, corrigindo erros e equívocos do passado e, ao mesmo tempo, atualizando-a para as novas demandas da sociedade.

Até hoje, a experiência social mais sistemática que a humanidade vivenciou é o socialismo. Falar em "pós-capitalismo" ou "pós-democracia" é vago e impreciso. É preciso dar nome às coisas. Por isso, me posiciono como militante socialista, com o objetivo de resgatar a história, analisar criticamente seus acertos e erros e, a partir dessa análise, definir o futuro. Devemos analisar a história como se estivéssemos dirigindo um automóvel: o retrovisor nos permite ver de onde viemos, e o para-brisa nos ajuda a evitar colisões. Precisamos de ambos para seguir em frente com segurança e consciência.

É fundamental que a esquerda tenha clareza de seu destino. Um dos erros que cometemos no Brasil foi nos apegarmos a um saudosismo em relação às experiências exitosas de Lula, Dilma, Getúlio e João Goulart. Devemos olhar para essas experiências de olho no para-brisa, ou seja, com o foco no futuro que queremos construir. É preciso atualizar nosso proejto político, pois reconstruir não significa simplesmente restaurar o passado, mas sim construir algo novo sobre os alicerces do que já foi feito. Não podemos recosntruir o Brasil de hoje com os mesmos parâmetros de 2003.

Nesse contexto, a própria existência da democracia se torna um dilema central. E quando falo em democracia, refiro-me ao poder do povo, ao *demos*. A democracia precisa ser radicalizada e substantivada, para que não se limite a uma mera formalidade periódica de representação. Ela deve ser uma ação autônoma de sujeitos coletivos. Por isso, hoje, é necessário combinar a democracia representativa com a direta, a consultiva com a participativa. A sociedade não se contenta mais em ser apenas homologadora ou receptora passiva das decisões dos partidos; ela quer ser protagonista na construção do seu destino. Os partidos de esquerda, por sua vez, devem ser canais para essa energia coletiva.

Para que isso aconteça, é fundamental trabalharmos com a ideia de bom senso versus senso comum. O senso comum é o que está dado, o que reproduz o racismo, o machismo, o patriarcalismo, o feminicídio, a pena de morte. O bom senso surge quando analisamos criticamente o senso comum, quando o submetemos à crítica e construímos uma consciência crítica.

47

Pluralidade

Para trilhar um caminho de solução efetiva para os desafios contemporâneos, torna-se fundamental que o indivíduo esteja firmemente alicerçado em uma compreensão aprofundada de suas origens, propósitos e aspirações futuras. Isso implica uma necessidade de reflexão que abarque tanto o passado quanto as possibilidades futuras. Neste panorama, a democracia assume um papel central, destacando-se não apenas como um modelo político, mas como uma experiência humana de valor inestimável. Contudo, a referência aqui não é à democracia representativa moldada pelas nuances do capitalismo, mas sim à democracia como expressão máxima da soberania popular. Esta concepção de democracia emerge como o bastião da legitimidade, zelando pela universalização de direitos inalienáveis e pela estabilidade de suas fundações jurídicas e éticas, imunes às flutuações de poder.

Na contemporaneidade, a democracia é desafiada a harmonizar-se com a pluralidade inerente à tessitura social, abrigando sob seu manto uma diversidade de expressões e identidades que incluem movimentos negros, feministas, LGBTQIA+, além de grupos etários diversos, cada qual com suas especificidades, costumes, culturas, ideologias e cosmovisões. A democracia autêntica é aquela que acolhe essa multiplicidade, assegurando espaços de expressão e participação para todas as facções da sociedade.

Desse modo, é essencial enfatizar que a democracia não deve ser concebida nem instrumentalizada como um teatro de operações mercadológicas. A perspectiva neoliberal, que tenta reduzir a democracia a mero reflexo dos interesses de mercado, compromete profundamente seu espírito e propósito. Tal visão comercial da democracia representa uma grave deturpação e uma ameaça direta aos princípios democráticos, uma vez que coloca o lucro e o poder econômico acima do bem-estar coletivo e da justiça social.

Portanto, a salvaguarda da democracia exige uma rejeição categórica dessas tendências mercantilistas, priorizando a manutenção de uma sociedade que valoriza a diversidade, a inclusão e os direitos humanos acima de tudo. Somente assim poderemos esperar construir e sustentar uma democracia robusta, que verdadeiramente respeite e reflita a complexidade e riqueza da experiência humana.

48

Iguais dentro da diferença

Definir o povo brasileiro é um desafio, dada a sua intrínseca complexidade. Trata-se de um mosaico étnico e cultural, formado por pessoas de diferentes origens, línguas e costumes, mas que se unem sob a égide de um destino comum dentro do território nacional. Essa comunhão, contudo, não está isenta de desafios. As tensões e conflitos inerentes à diversidade são problemas a serem solucionados, como bem observou Marx ao afirmar que a sociedade se propõe a resolver apenas problemas que estejam ao seu alcance. Conflitos étnicos mal resolvidos na história da ex-União Soviética culminaram na guerra entre Ucrânia e Rússia, um exemplo eloquente das consequências da negligência em relação a tais questões. A tentativa de unificação das repúblicas socialistas soviéticas, cem anos depois, se mostrou insuficiente para aplacar as divergências e construir uma identidade nacional coesa. A democracia, como poder do povo e não poder do mercado, do capital, não é uma experiência qualquer. Apesar de regada a sangue, tortura e morte, a democracia é uma experiência na história da humanidade que sobrevive. A democracia, tal qual a conhecemos, foi organizada pelo capitalismo para legitimar a ordem do capital: todos são iguais perante a lei, mas nem todos são de fato igualmente iguais; alguns são mais iguais, eis o problema.

A concepção de democracia que defendo, sob a ótica socialista, é pautada na premissa da radicalização dos princípios de igualdade e liberdade, explorando seus potenciais até suas últimas consequências. A essência dessa abordagem repousa na convicção de que, para atingir uma igualdade verdadeira e abrangente, é imperativo erradicar qualquer forma de exploração de um indivíduo por outro. A igualdade e a liberdade são entendidas não como conceitos excludentes, mas interdependentes e inseparáveis, fundamentais para a construção de uma sociedade justa.

A liberdade, valorizada em seu mais alto grau, representa a capacidade intrínseca do ser humano de expressar sua singularidade, respeitando e valorizando, simultaneamente, a singularidade alheia. Tal liberdade, contudo, não deve ser interpretada como a prerrogativa para a imposição de dominação ou desigualdade. Ao contrário, ela deve servir como alicerce para a promoção de uma igualdade genuína que reconhece e celebra a diversidade inerente à condição humana. Neste contexto, a liberdade assume o papel fundamental de possibilitar ao indivíduo a expressão de sua identidade única, ao passo que a igualdade garante que tal expressão ocorra sem que haja subjugação ou marginalização.

Dentro deste paradigma, a democracia socialista aspira a cultivar uma sociedade em que a igualdade forneça o terreno fértil para o florescimento da liberdade individual e coletiva — uma sociedade onde cada indivíduo seja livre para exercer sua singularidade sem receio de opressão ou exploração. Esse modelo de democracia exige um comprometimento contínuo com a erradicação das estruturas e práticas que perpetuem a desigualdade e a exclusão, empenhando-se, ao invés, na construção de um ambiente inclusivo que favoreça o desenvolvimento pleno de todas as potencialidades humanas.

Portanto, a liberdade e a igualdade, sob a perspectiva socialista, não são meramente objetivos a serem alcançados, mas sim princípios orientadores, que moldam o processo de transformação social, constituindo a própria essência de uma democracia que busca ser verdadeiramente libertária e justa. É no encontro harmônico entre esses valores fundamentais que se vislumbra a possibilidade de realização de uma sociedade em que prevaleçam a autenticidade da expressão individual e a igualdade substantiva entre todos os seres humanos.

Discutir as necessidades humanas implica abordar elementos fundamentais como alimentação, ar respirável, água de qualidade, moradia e educação, além de um aspecto crucial trazido pela modernidade: o direito à informação. A informação constitui um direito essencial, inerente ao indivíduo e à sociedade, não pertencendo ao Estado, ao partido ou ao mercado. A informação é fundamental para a existência humana, devendo ser tratada como um bem público, à semelhança do ar e da água. Defendemos que a informação seja reconhecida como um direito primário, indispensável à vida e ao desenvolvimento humano. Os meios de comunicação operam no âmbito material utilizando a informação, mas é crucial diferenciar o direito à informação da regulação dos meios que a disseminam. Contudo, de qualquer maneira, a informação nunca é isenta, por isso sua gestão não pode ser monopolizada; ela deve ser intrinsicamente plural.

Partindo desta premissa, a informação, assim como a sociedade, é caracterizada por conflitos e contradições, requerendo um modelo de regulação que assegure essa pluralidade. Dessa forma, a informação pública, privada e estatal coexistem dentro de um mesmo sistema. É possível regular os meios privados que se sustentam divulgando informações, dado que a informação em si não é privada, mas o meio em que ela circula sim.

Não existe informação neutra, assim como os recursos naturais não são neutros; são bens possuídos. Ao construir uma sociedade fundamentada nos princípios de liberdade e igualdade, nenhum desses valores pode ser sobrepujado.

A liberdade e a igualdade devem existir em uma relação dialética, complementando-se mutuamente. Essa dinâmica conduz à ideia de que o direito à felicidade é universal. A felicidade consiste na satisfação pessoal que não deve resultar em opressão, exploração ou eliminação de outros, conciliando, assim, os conceitos de igualdade e liberdade. A felicidade mais plena só se obtém ao sentir prazer em realizar coisas justas, é mais ou menos o que diz Aristóteles, na sua *Ética a Nicômaco*.

Quando se trata do campo econômico, por exemplo, a questão da liberdade de imprensa frequentemente esconde interesses lucrativos dissimulados sob o manto da liberdade de expressão. Eventos como o de 8 de janeiro de 2023 demonstram como a manifestação da liberdade pode colidir com a liberdade alheia. Defendemos que é vital discernir entre liberdade de expressão e ações que infrinjam os direitos e liberdades dos outros.

Em síntese, a construção de uma sociedade justa exige um entendimento de que a verdadeira liberdade é aquela que não compromete a liberdade e o bem-estar de terceiros. A igualdade e a liberdade, portanto, não apenas se coadunam, mas são indissociáveis na busca por uma convivência harmônica e na realização plena do ser humano na sociedade.

José Genoino (2003)

49

Necessidade de mudança

A flexibilidade é um atributo essencial da sociedade, uma realidade que se confronta com a dificuldade de fixar preceitos imutáveis para reger comportamentos e normas. Exemplifico este princípio através da minha posição referente à pena de morte; fica evidente minha crença na sacralidade da vida humana, a qual, sob nenhuma circunstância, deve estar sujeita à disposição de outrem. Firmemente, argumento que a existência humana transcende qualquer conceito de propriedade ou disponibilidade, estabelecendo um limite intransponível para ações que visam extinguir a vida; nem mesmo o Estado, em sua posição de autoridade máxima, detém o direito de determinar o fim de uma existência humana. Na extremidade do espectro das punições permissíveis, posicionar-me-ia a favor da prisão perpétua, como a sanção mais rigorosa possível em casos extraordinários.

A distinção entre violência e força apoia-se numa diferenciação crucial em termos de aplicabilidade e legitimidade. A força, em sua essência, engloba a potencialidade para a violência, mas não se restringe a esta. Exemplificando, as Forças Armadas, por definição, mantêm o monopólio da violência em nome do Estado, uma prerrogativa que sustenta sua capacidade de defesa e proteção da soberania nacional. Contudo, este monopólio da violência não se estende à polícia, cuja função primordial é a de contenção, prevenção e, quando necessário, restrição da liberdade por meio de detenção ou ocupação territorial como forma de manutenção da ordem pública. A atuação policial deve ser pautada pela preservação da vida, a qual implica uma clara renúncia à legitimidade do uso letal da força como um instrumento de policiamento cotidiano.

Essa distinção ressalta uma compreensão ética de que a efetivação da justiça e a manutenção da ordem devem ser conduzidas dentro de limites que respeitem a inviolabilidade da vida humana. Assim, a força, enquanto instrumento de autoridade estatal, deve ser exercida sob um estrito escopo de proporcionalidade, necessidade e preservação da vida, distinguindo-se radicalmente da violência arbitrária, desenfreada e, sobretudo, fatal.

A questão que se apresenta diante de nós é revestida de uma complexidade intrínseca. É verdade que nem todos os aspectos e problemas da sociedade humana encontram soluções claras e definitivas. Uma falha histórica da esquerda foi conceber a possibilidade de estabelecer uma sociedade utópica, livre de imperfeições, aqui na Terra. A realidade, no entanto, demonstra que os conflitos são elementos constitutivos da condição humana; a tentativa de erradicação completa dessas tensões é não apenas inviável, mas também pode ser perigosa, se realizada à custa da supressão das liberdades.

A alternativa viável, portanto, não reside na eliminação do conflito, mas na sua institucionalização — na criação de mecanismos e normas que permitam sua expressão de uma forma regulada, impedindo que tais disputas degenerem em violências desmedidas. O papel do Estado e das instituições democráticas é canalizar as divergências dentro de um marco civilizatório, assegurando que as disputas ocorram num plano de respeito mútuo e legalidade.

Além disso, é fundamental reconhecer a capacidade inata do homem em buscar e encontrar soluções para os desafios que enfrenta. O essencial é que essa busca não seja limitada por constrangimentos de ordem material, ideológica ou cultural. No momento em que a sociedade superar as condições de penúria — isto é, quando a humanidade transcender o "reino da necessidade" e adentrar o "reino da liberdade" —, novos horizontes de possibilidades se abrirão naturalmente.

O reino da liberdade referido não denota um estado de perfeição, *per si* inatingível, mas sim uma fase de desenvolvimento humano onde as necessidades básicas de todos estão satisfeitas, permitindo que a energia e a criatividade humanas se voltem para o aprimoramento contínuo da sociedade. Nesse estágio, prioridades podem ser reavaliadas, conflitos podem ser redirecionados para arenas construtivas, e inovações podem prosperar, todas sob o princípio de que a dignidade humana e a justiça social são inegociáveis.

Portanto, a tarefa que se impõe é tanto prática quanto moral: criar uma sociedade onde os recursos e oportunidades sejam distribuídos de tal forma que todos possam viver livremente, em condições que favoreçam o desenvolvimento pleno do potencial humano, livre dos grilhões da necessidade e aberta às infinitas possibilidades que essa liberdade traz.

A atualidade é um reflexo de processos históricos, onde os temas conjunturais emergem das raízes profundas dos temas não conjunturais. Nunca antes a interligação entre tática e estratégia, embasadas em um programa bem definido, foi tão vital. O programa delineia o ideal a ser alcançado; a estratégia, o caminho a ser trilhado; e a tática, as ferramentas e métodos para chegar ao destino pretendido. O capitalismo, em sua fase atual, caracteriza-se por uma acumulação de riqueza e contradições sem precedentes, absorvendo os aspectos mais nocivos dos sistemas sociais e econômicos anteriores, como o feudalismo e a escravidão, sob a égide do já decadente neoliberalismo globalista.

Dentro desse contexto, a demanda por uma transformação substancial é incontornável, um processo que inevitavelmente implicará em confrontos. A esquerda não deve temer essas confrontações ou os conflitos inerentes, mas deve ser proativa, propondo um programa que vise a superação do capitalismo com o passo à frente do socialismo, e não o passo para trás. Contudo, é necessário reconhecer o tempo e o lugar adequados para a implementação de mudanças radicais. Por exemplo, no atual governo Lula, pode não ser o momento de realizar alterações drásticas nesse sentido, mas isso não impede a defesa e a difusão de ideias que contribuam para a politização da sociedade.

Governar bem, sob a perspectiva da esquerda, transcende a mera eficiência administrativa e técnica. Consiste, primordialmente, em transformar a mentalidade das pessoas, algo que transcende o atendimento de necessidades básicas. A esquerda deve ganhar não apenas "barrigas", mas corações e mentes. Se falhar em provocar essa mudança cultural, como poderemos aspirar a transformar o mundo? As melhorias nas condições de vida devem ser acompanhadas de um enriquecimento da consciência coletiva.

A pobreza, por si só, não conduz ao socialismo. Confrontar uma população marginalizada falando de revolução, sem antes atender às suas necessidades básicas, é um exercício de futilidade. Uma vez supridas essas necessidades, será possível engajar em diálogos mais profundos. As camadas excluídas da sociedade têm direito ao acesso ao consumo, mas o desafio reside em não limitar a participação social ao consumo. A transformação social ambicionada pela esquerda deve, portanto, ser profunda, abrangendo tanto as condições materiais quanto a esfera da consciência e do espírito humano.

50

Nova classe trabalhadora

O panorama da classe trabalhadora no Brasil sofreu uma metamorfose significativa desde a fundação do PT em 1980. O tradicional operariado, habitualmente representado pela imagem do trabalhador de macacão, já não ocupa a vanguarda do proletariado. Vivenciamos o surgimento de uma nova configuração da classe trabalhadora caracterizada por uma heterogeneidade sem precedentes. Esta versão contemporânea compõe-se de uma massa humana diversa, marcada por sua mobilidade e pela dependência do trabalho individual para sobrevivência.

Os integrantes desta nova classe trabalhadora encontram-se assegurados por direitos básicos, como o acesso à previdência social e à moradia, mas enfrentam desafios únicos nas metrópoles modernas, onde a juventude e significativos segmentos da classe trabalhadora divergem do modelo de empregabilidade convencional. A formalidade do vínculo empregatício cede lugar à autonomia, ao empreendedorismo individual ou a formas alternativas de geração de renda, como o trabalho em oficinas próprias, lavanderias, ou no setor de transporte como motoristas de aplicativos, a exemplo do Uber.

Esta mudança reflete transformações socioeconômicas globais e a evolução das demandas do mercado de trabalho, influenciadas pela tecnologia e pela liberalização econômica. Em face a esse cenário, surgem novos desafios para a representação, organização e luta pelos direitos da classe trabalhadora. A fragmentação das formas de trabalho e a precarização de diversas ocupações impõem a necessidade de repensar estratégias de mobilização e de reivindicação de direitos laborais e sociais.

Ao mesmo tempo, essa evolução exige uma reflexão aprofundada sobre o conceito de classe trabalhadora e sua relevância no contexto político e social contemporâneo. O desafio reside em conceber políticas públicas e formas de organização sindical que reconheçam a diversidade das experiências laborais e sejam capazes de abordar as necessidades específicas dessa nova configuração de trabalhadores.

Portanto, o reconhecimento dessa nova realidade da classe trabalhadora brasileira é crucial para a formulação de um projeto político que aspire à justiça social e à igualdade, sustentando o compromisso com a defesa dos direitos de todos os trabalhadores, independentemente da natureza de suas atividades.

A discussão que o PT e a esquerda em geral precisam aprofundar diz respeito à incorporação e à garantia dos direitos fundamentais à nova classe trabalhadora, cuja realidade se mostra profundamente alterada em relação aos panoramas tradicionais. Esta nova classe, composta por uma gama de trabalhadores em situações laborais diversas e muitas vezes precárias, demanda a extensão dos direitos básicos a todos os seus membros, garantindo um patamar mínimo de dignidade e segurança. Entre esses direitos, destacam-se a implementação de uma renda básica universal, o acesso a sistemas de previdência ajustados às novas realidades trabalhistas, assistência em saúde abrangente, educação pública de alta qualidade, e a proteção contra assédio e abusos no ambiente de trabalho. Além do acesso à cultura e entretenimento.

O enfoque do PT e de partidos afins em programas sociais como o Bolsa Família, embora fundamental para o combate à extrema pobreza, não abrange integralmente as necessidades dessa nova configuração de classe trabalhadora. Há, portanto, um vazio de representatividade que precisa ser preenchido com políticas e plataformas que dialoguem diretamente com os anseios e desafios enfrentados por esses trabalhadores. Esta lacuna é uma das razões para a dificuldade da esquerda em conquistar o apoio das faixas da população que recebem até cinco salários-mínimos, um segmento que busca propostas concretas que assegurem oportunidades, segurança e bem-estar.

Neste contexto, o fascismo e movimentos ultranacionalistas simplificam a questão do futuro em termos de "Família, Deus, Pátria e Liberdade", apelando para sentimentos de proteção, liberdade individual e um sentido de pertencimento atrelado a valores conservadores. Por outro lado, a resposta da esquerda a essa narrativa deve ser a apresentação de um projeto de futuro que priorize a felicidade coletiva, o acesso universalizado à educação de qualidade, a saúde, a previdência justa, além de promover a cultura, um ambiente saudável e sustentabilidade.

Portanto, em ambientes em que o capitalismo se encontra em estágios avançados de desenvolvimento e organização, como grandes centros urbanos e regiões economicamente desenvolvidas, observa-se uma tendência de parte da classe média em resistir à adesão a propostas de esquerda. Isso indica a necessidade urgente de reformulação e ampliação das plataformas políticas, de modo a abranger e conquistar esse segmento populacional crítico, apresentando soluções tangíveis e atrativas que vão ao encontro de suas expectativas e necessidades.

51

Elite quatrocentona

A esquerda, de fato, precisa formular um discurso que dialogue com as aspirações e necessidades da "massa humana arredia". É necessário compreender as particularidades dos locais onde o capitalismo se encontra relativamente mais organizado, como São Paulo, reconhecendo que nesses espaços coexistem a geração de riqueza e a desigualdade social.

São Paulo, berço do PT, é palco de uma contradição flagrante: por um lado, foi o centro da industrialização e da organização da classe trabalhadora; por outro, nunca teve um governo progressista. Essa contradição histórica se explica, em parte, pela forte presença de uma elite conservadora que se opõe a mudanças estruturais.

A "revolução constitucionalista" de 1932, por exemplo, representou um movimento reacionário que se insurgiu contra a revolução progressista de 1930, liderada por Getúlio Vargas. A ausência de ruas ou avenidas em São Paulo que homenageiem Vargas, enquanto generais golpistas de 1964 são reverenciados, é sintoma dessa resistência às lideranças progressistas.

A própria USP, fundada por Armando Salles de Oliveira e pela família Mesquita, expressava o pensamento da elite paulista da época. O patrimonialismo, que tanto marcou a política brasileira, tem raízes nesse contexto histórico.

O PT, apesar de ter surgido em São Paulo como resultado da organização da classe trabalhadora e da resistência à ditadura militar, nunca conseguiu governar o estado. Para superar esse desafio, é necessário um salto de qualidade na formulação de um discurso e de um projeto político que dialogue com as diferentes realidades e necessidades da população paulista.

É preciso ir além da crítica ao capitalismo monopolista e apresentar soluções concretas para os problemas enfrentados pela população, como a desigualdade social, a precariedade dos serviços públicos e a falta de oportunidades.

A construção de um projeto político que contemple as demandas da classe trabalhadora, da classe média e dos mais pobres, que promova a justiça social e a inclusão, é fundamental para que a esquerda possa romper com a hegemonia conservadora em São Paulo e construir uma sociedade mais justa e igualitária.

52

Revolução cultural

Ao procurar compreender a expressiva votação favorável ao PT no Nordeste não podemos nos valer de lentes redutoras de uma realidade complexa e intrinsecamente vinculada ao passado histórico e sociocultural dessa região. O Norte e Nordeste do Brasil, por muito tempo, constituíram-se como os epicentros das manifestações progressistas e revolucionárias no país, palcos de movimentos e levantes que marcaram profundamente a história nacional.

Ao longo dos séculos, essas regiões foram berço de importantes rebeliões e movimentos que buscavam independência, liberdade e justiça social, desafiando o *status quo* e enfrentando as estruturas de poder dominantes. A Revolução Praieira, a Cabanagem, a Revolta dos Malês e os movimentos de independência são apenas alguns exemplos dessas manifestações de resistência e luta por um futuro mais equitativo.

Durante o período sombrio da ditadura militar, iniciada em 1964, foi no Nordeste que emergiram as principais vozes da Igreja Católica em defesa dos direitos humanos e da justiça social. Líderes religiosos como Dom Hélder Câmara, Dom Fragoso e Dom Waldir Calheiros destacaram-se por seu compromisso com a causa dos marginalizados e por sua resistência ao regime autoritário que assolava o país.

O Nordeste também foi palco do primeiro grande movimento camponês de massa do Brasil, as Ligas Camponesas, que pleiteavam a reforma agrária e melhores condições de vida para os trabalhadores rurais. Além disso, a região abrigou movimentos sociais emblemáticos como o de Canudos, uma demonstração de resistência contra a opressão e a desigualdade social.

Portanto, ao analisar o apoio ao PT no Nordeste, é fundamental reconhecer essa herança de resistência, luta por igualdade e progressismo, que se mostra intrínseca ao tecido social e cultural da região. Tal entendimento permite apreciar a votação não como um fenômeno isolado, mas como parte de um legado histórico de contestação e busca por justiça social, refletindo o espírito resiliente e progressista das populações do Norte e Nordeste do Brasil.

Há necessidade de aprofundar o estudo sobre o Brasil que herdamos. Vez após outra, períodos eleitorais como o de 2022 puxam as entranhas do país para a superfície, revelando nuances que, embora sempre presentes, parecem surpreender e alarmar. Para efetivamente compreender e atuar na realidade brasileira, é crucial situar-se dentro do fluxo histórico de movimentos e mudanças que moldaram o país.

Até a década de 1970, a educação no Brasil era majoritariamente provida por instituições públicas, que ofereciam ensino gratuito e de qualidade. A paisagem educacional era distintamente diferente da atualidade, com sua vasta rede de escolas privadas tanto no ensino fundamental quanto no superior.

A transformação radical pela qual o Brasil passou, especialmente evidente a partir dos anos 1950 com a instalação da indústria automobilística, marcou a transição de uma economia predominantemente agrária para outra voltada à industrialização. Esse processo desencadeou uma mobilidade populacional significativa: jovens do interior migravam para as áreas urbanas em busca de novas oportunidades. Paralelamente, assistiu-se a uma efervescência política e cultural, com movimentos sociais e ideológicos florescendo tanto no Brasil quanto globalmente, abrangendo temas como família, cultura, sexualidade, música e acesso à educação superior.

Nesse contexto de transformação e agitação, a infraestrutura educacional existente mostrou-se inadequada para satisfazer a demanda crescente. O fenômeno dos "excedentes" — estudantes qualificados que não conseguiam vaga nas universidades — se tornou um símbolo de resistência, pois esses jovens acampavam diante das instituições educacionais exigindo acesso ao ensino superior. A discrepância entre oferta e procura de educação delineou uma juventude cada vez mais urbanizada e consciente de suas aspirações, despertando para a necessidade de confrontar um sistema incapaz de atender suas expectativas.

Este panorama histórico sublinha a importância da educação como palco de disputas e lutas por direitos, sendo essencial para o entendimento do tecido social brasileiro. Ao estudar o Brasil que herdamos, ganhamos perspectiva sobre os desafios contemporâneos e a capacidade de delinear estratégias contextualizadas para o presente e o futuro, reconhecendo a continuidade e as rupturas que caracterizam a nossa trajetória coletiva.

O que era o "Calabouço", no Rio de Janeiro? Calabouço foi um restaurante onde os estudantes pobres iam comer. Hoje ainda tem restaurante em São Paulo, no ensino adulto, onde as pessoas que estudam à noite ou de dia têm direito ao almoço e à janta, mas só quem for aluno de uma faculdade.

Nesse contexto socioeconômico e cultural surgiu o movimento estudantil, com essa base material. Não foi de um sopro ou como um cogumelo após a chuva ou de um relâmpago que ele surgiu, e assim vieram a Bossa Nova, a Jovem Guarda, o Cinema Novo, e tudo junto, porque havia uma fermentação social e política. Surge Glauber Rocha com "uma ideia na cabeça e uma câmera na mão". Lembram das histórias da Gal Costa, do Belchior? Eram estudantes universitários. Lembro que Belchior pediu para mim, presidente do DCE do Ceará, que o deixasse cantar suas músicas na sala do CEU (Clube dos Estudantes Universitários). Chico Buarque era estudante de arquitetura.

Uma sociedade em fermentação produz líderes, artistas, escritores. Numa sociedade na escuridão, tutelada, onde tudo é proibido, tem que ter um processo de ebulição a partir de baixo. Como criar teatro, literatura, música, debaixo de uma ditadura? A China seria o que é hoje se não tivesse acontecido lá uma revolução cultural? A juventude explodiu aquilo, botou pra quebrar. Qual o problema que vivemos hoje? Primeiro, que a juventude é obrigada a entrar no mercado de trabalho muito cedo, quase na adolescência, sem que o mercado tenha a capacidade de absorver a mão de obra dessa juventude. Segundo, o mercado oferta bens de consumo à juventude sem que esta possa adquiri-los. Terceiro, a crise das revoluções e do socialismo produziu uma derrota no plano das ideias; os partidos de esquerda não renovaram seu discurso e não criaram espaço para a juventude. Para completar, surgem as demandas por identidade, ou "identitárias", como se costuma dizer. Há um erro nesse termo. A demanda é por direitos: das mulheres, dos negros, quilombolas, indígenas, LGBTQIA+. A luta contra a opressão e exploração não deve ser atomizada. Os Estados Unidos da América incentivam o identitarismo a fim de preservar o sistema. No Brasil, correntes da direita, a Rede Globo de comunicação e alguns ministros do STF também estimulam o identitarismo descolado da questão de classe.

Outro problema é: como mobilizar a juventude? A juventude só se mobiliza para o processo político se lhe falarmos de utopia e sonho. Peguemos um exemplo: essa campanha eleitoral de 2022 fez emergir do porão da sociedade uma força nova, que é a solução, uma juventude que foi às ruas, fez comício na "boca maldita" de São Paulo, na Bahia, no Rio de Janeiro... Mas, se essa massa humana não sentir que houve mudança, será mais uma decepção. O que é que o PT deveria estar fazendo: filiação em massa, plenárias, cursos sobre cultura, abrir os diretórios para discutir cultura e dizer para eles: "Aqui tem espaço, venham para cá, façam caravanas, vamos ocupar Brasília".

O discurso voltado para os feitos do passado já não é suficiente. O discurso do Lula deve ser: "Eu defendo isso, isso e aquilo para o futuro, porque tenho autoridade para defender isso porque eu já fiz". É sempre bom lembrar do João Ferrador. Lembram-se do João Ferrador? João Ferrador era uma figura desenhada pelo cartunista Henfil que perguntava coisas para os operários. Precisa perguntar e ouvir a juventude. Vi muita gente jovem nos comícios do Lula. Onde o Lula ganhou as eleições? No eleitorado feminino, negro e jovem.

53

Autocrítica

Quais os meus acertos e erros maiores? Os acertos foram todas as escolhas que eu fiz; minhas escolhas políticas foram corretas: participação na guerrilha, no parlamento, na fundação do PT, do PRC, escolhas necessárias e corretas. Quanto aos equívocos, a coisa que mais me marcou foi ter feito escolhas sem uma autonomia, por exemplo, ter assumido a presidência do PT sem autonomia do que eu ia fazer na presidência. Eu tinha preparo e confiança para ser parlamentar, mas não tinha a mínima aptidão para ser executivo, pois não sei mandar. Os funcionários do meu gabinete reclamavam: "Você não manda!". Sei parlar, convencer, mas não gosto de mandar nas pessoas; acho isso muito chato.

Eu devia ter feito a escolha de acordo com a minha característica política. Mesmo na guerrilha, na clandestinidade, eu era um dos que faziam proselitismo junto à população; gostava de fazer isso. Na guerrilha e na cadeia conversava e mediava conflitos, era representante, meio líder. Essa era minha característica. Eu devia ter desenvolvido esse meu perfil de modo mais radical. Devia ter precisado melhor aquela inflexão que fiz para a centro-esquerda no PT, que fiz no período pós-constituinte; deixei vácuos para determinados equívocos.

É minha característica entrar cem por cento nas coisas que decido fazer. Acontece que, quando alguém se lança cem por cento em algo sem refletir, o risco de quebrar a cara é muito grande. Minha inflexão rumo à social-democracia foi um erro. Cheguei a achar que o Brasil estava maduro para um processo social-democrático e que a elite ia aceitar as mudanças de maneira continuada. Essa é uma avaliação minha, muito particular, não vou criticar ninguém, não preciso nominar. Foi num certo contexto histórico que essas opções se colocaram. É muito importante que tenhamos a capacidade de autocrítica, isso é raro, muitos se afirmam no erro. A autocrítica é um ato de coerência com quem você convenceu. Se eu convenci as pessoas a irem por um caminho, tenho o dever de fazer autocrítica para reavaliar a adesão daquelas pessoas. A autocrítica acaba sendo, no fundamental, uma crítica para a direita.

Certa vez, um jornalista perguntou: "Por que você não faz autocrítica?". Respondi: "Você quer autocrítica? Eu faço. Nosso primeiro erro foi ter tido ilusão em vocês, porque a imprensa não é neutra. Vocês são funcionários do capital". Na verdade, o que querem não é autocrítica, mas confissão, como se ser de esquerda fosse um pecado. No Nordeste, como é isso? O sujeito mata e vai para o confessionário, é perdoado para continuar matando, e, se o morto for homem, o matador vai transar com a mulher da vítima. No fundo, para a burguesia, autocrítica é uma espécie de impunidade legitimadora. A cobrança de autocrítica visa fazer com que o dominado aceite que é o culpado. Por exemplo, eles querem que a Dilma se ache culpada e peça desculpas por "não ter habilidade para governar". Se pedisse desculpa, estaria amenizando a culpa de quem a derrubou. Eles querem que o dominado diga: "Eu errei". É o dominado se culpar por ser dominado, a fina flor da dominação, como o escravo que é dominado e se sente culpado por ser preto.

Sebastião Genoino Guimarães, pai de Genoino (pintura de Rioco Kayano)

54

Dia a dia na guerrilha

Preparação, treinamento e guerrilha operacional são coisas bem singulares. O que é uma guerrilha? É a guerra do pequeno contra o grande. Na guerrilha, tudo se faz na igualdade, no coletivo; não existe o guerrilheiro autossuficiente; a partir de dois, três, quatro, cinco... vai se somando. Tanto na preparação quanto na ação da guerrilha, se estabelece uma relação muito próxima, de verdadeira fusão, de seus componentes, porque um depende do outro, seja para garantir a vida, seja para garantir a comida, seja para garantir a sobrevivência, e, com isso, se estabelece algo maior e mais elevado do que a simples amizade, porque, a partir da amizade se alcança o patamar superior da unidade política em torno dos objetivos estratégicos da luta revolucionária. Essa relação muito profunda envolve uma espécie de imanência humana, porque o humano é maior do que uma família ou um casal. O guerrilheiro ou a guerrilheira estabelecem uma relação de extensão de um no outro, porque a natureza da relação é de completa interdependência.

A prisão, para mim, significou um grande transtorno, não apenas pela perda da liberdade e as torturas sofridas, mas também por me sentir como se eu fosse um membro cortado do corpo.

A vida que a gente vivia na guerrilha era totalmente coletiva. Lá, não existia o indivíduo ou individualidades enquanto posse de bens, de vantagens e privilégios. Lá, todos tinham as mesmas coisas: espingarda, revólver, mochila, quantidade de sal, quantidade de castanha-do-pará, quantidade de soro antiofídico, quantidade de quinino por causa da malária, uma muda de roupa, tudo igual, repartido na forma de rodízio. O mesmo em relação às tarefas diárias: fazer as comidas, cuidar da casa, cuidar do acampamento, tudo era repartido entre os membros do coletivo — hoje é fulano, amanhã é ciclano, sem diferença entre homem e mulher.

Como tínhamos uma vida dupla, legal e ilegal, enfrentávamos um tensionamento permanente, pois precisávamos ter uma vida pública, mais ou menos registrável, e outra vida, privada, onde mantínhamos nossa intimidade, seja para ouvir às rádios, seja para conversar, seja para discutir, seja para ler um texto, seja para fazer treinamento guerrilheiro... Nesse sentido, no dia a dia da guerrilha, as capacidades individuais ficam muito explícitas. Por exemplo, as mãos de companheiros que nunca tinham morado no mato sangravam quando iam cortar de machado, porque, na hora da batida, fechavam a mão, coisa que um habitante da floresta, indígena ou caboclo, sabe que não pode fazer. Companheiros que tinham a pele branca, por sua vez, eram os mais mordidos pelos mosquitos, porque, naturalmente, a tez branca atrai mais os insetos. Companheiros que não sabiam caçar, quando viam um jaboti, atiravam no coitadinho. Então a gente explicava que não precisava atirar no jaboti, que tem pernas curtíssimas e por isso não tem como fugir de um caçador. O jaboti é apanhado vivo e levado para o tapiri, onde um dia acaba assado com casco e tudo e por fim comido. Na selva amazônica há o porco queixada, maior e dentuço, com grandes e afiadas presas, e o caititu, menor e mais ágil, o qual, quando perseguido, se esconde nos ocos de paus e buracos. Nessas ocasiões, a gente colocava um companheiro na porta do buraco, mas o porco, diante do caçador inexperiente, saía correndo e derrubava-o.

Era um treinamento com muita novidade para quem não conhecia a selva. E havia os lances mais perigosos, por exemplo, caçar onça. Se o caçador fica na altura da árvore, não tem problema, ele chama a onça com aquela cuíca que imita onça, a onça responde como se fosse outra onça e vem para baixo da rede, e então é só botar o foco da lanterna no olho da bicha e atirar, mas tem que acertar, porque, se não matar, a diaba fica ali enquanto o caçador estiver lá.

A gente também caçava com armadilha. Escolhe o local, camufla a espingarda, bota um fio, de preferência de cabelo de bananeira, e calcula a altura do animal; se for paca, é uma altura; se for veado, é outra altura; se for onça, já é outra altura, e assim por diante... A espingarda dispara e mata o animal quando ele esbarra e quebra o fiozinho. Esse treinamento servia também para pegar gente; era só colocar o fiozinho na altura do peito de uma pessoa. Tem também a armadilha com paus e buraco. Põem-se paus podres sobre um buraco e camufla com folhas secas. Quem quer que, inadvertidamente, pisar ali cai no buraco e fica preso.

Certa vez, botamos uma armadilha para pegar veado mas a onça passou antes e o tiro não acertou em cheio, pois a armadilha foi posicionada para pegar veado e não onça; era uma pantera, cruzamento da pintada com a preta, que é a mais violenta. Tivemos, infelizmente, que matar a onça; foi um processo trabalhoso. Tudo que a gente matasse comia: onça, paca, tatu, cotia, cobra... Carne de onça é dura, cheia de hematomas.

55

Sobrinho do "seu" Cid

Essa vida era muito intensa entre nós. Lá no nosso lugar havia a figura do Osvaldão, muito mística, porque tinha dois metros de altura, preto-preto mesmo e muito conhecido na região. Éramos "a turma do Osvaldão". Mineiro, com tantas histórias. Foi minerador, caçador, madeireiro, agricultor. Essas histórias chegavam até nós.

Fui preso numa segunda-feira. Dois dias antes de eu ser preso, um sábado, fui fazer uma tarefa com o Osvaldão. Fomos cavar um depósito na selva. Depósito é o seguinte: cava-se um buraco na vertical e no meio dele cava-se outro buraco, na horizontal, e envolve esse buraco com fibras da casca do coco para dispersar a humidade. Na metade do trabalho, a picareta se quebrou e tivemos que voltar para casa. Veja só o que é o acaso! Se a picareta não tivesse se quebrado, provavelmente eu não teria sido preso dois dias depois, já que eu não teria voltado para casa com o Osvaldão e não teria recebido a tarefa de ir avisar o destacamento C de que os milicos nos haviam descoberto. Foi nessa ida ao destacamento C que fui preso.

As conversas entre nós eram intensas quando o pessoal chegava da cidade, havia uma "sessão das novidades". Por exemplo, nunca esqueci o dia em que o pessoal chegou da cidade e mostrou foto da microssaia. Os companheiros novos que chegavam mostravam as novidades para os antigos, mas havia um limite para as conversas. A gente não conversava nada que pudesse identificar a família e o lugar de onde vinha. Falávamos mais dos treinamentos e dos riscos que havia neles, pois havia risco. Por exemplo, fazíamos treinamento de tiro com bala de festim, mas com tiro de festim tem-se que tomar muito cuidado ao colocar as buchas que tampam a pólvora, pois aquilo pode estourar e derrubar a pessoa; não mata, mas derruba.

A gente brincava sobre os companheiros que tinham mais dificuldades ou facilidade. Conversávamos sobre qual deveria ser nosso comportamento em diversas situações. Por exemplo: eu conhecia a Suely antes de ela vir para a guerrilha; eu tinha muita admiração por ela e ela por mim. Quando ela veio para o meu destacamento, eu e ela íamos para o mato, mas nada acontecia entre nós, porque sabíamos que não poderíamos ter qualquer relação que pudesse gerar incômodo para a guerrilha.

Conversávamos sobre isso e sobre relações afetivas com camponeses da região, que a gente temia, bem como com pessoas perseguidas pela polícia, que passavam por lá por terem matado alguém e a gente lhes dava guarida e os ajudava a irem embora. Agíamos assim porque era uma maneira de sabermos o que acontecia na região.

Conversávamos sobre coisas da cidade, lembranças do que a gente tinha vivido, porque a maioria pertencia à geração 1968 e vinha do movimento estudantil, do Congresso de Ibiúna, da passeata dos 100 mil... A partir das 20 horas, ligávamos as rádios Pequim e Albânia. Às 7 da manhã, voz da América e BBC de Londres. Ouvíamos e comentávamos sobre os acontecimentos, e, ao mesmo tempo, preparávamos as intervenções. Além dos dirigentes, alguém ficava responsável por fazer a abertura da discussão sobre a conjuntura ou relatar as orientações que eram passadas pela Rádio Tirana.

A direção da guerrilha era composta pelos comandantes e vices-comandantes dos destacamentos e os membros da Comissão Militar. Eu convivia muito com o comandante Osvaldão porque morávamos na mesma casa. Em nossa "legalidade" — isto é, como aparecíamos publicamente — eu me apresentava como sobrinho do "seu" Cid, codinome do comandante João Amazonas, ou era sócio do comandante Osvaldão, em nome do Cid. Tal circunstância produziu uma relação muito intensa entre mim e Osvaldão, que era uma liderança política muito forte e capaz fisicamente.

Um comandante de guerrilha não se afirma tão somente pela autoridade formal, mas, principalmente, porque ele é "bom", ou seja, angaria a confiança dos guerrilheiros porque atira bem e tem voz de comando... Em geral, na arte militar, a confiança é conquistada e não outorgada.

Entre as mulheres guerrilheiras, a que mais me impressionava era a Suely, uma nissei que tinha o cabelo muito comprido. Quando ela chegou ao Araguaia, os companheiros lhe disseram: "Olha, seu cabelo é muito comprido, precisa ser cortado, mas a gente pode guardar os fios pra fazer armadilha".

Na mata não se pode andar com cabelo grande. Cabelo grande é um embaraço nas caminhadas, mas o fio de cabelo é ideal para fazer armadilha, pois é fininho, forte e, à noite, fica invisível.

Eu tinha uma simpatia muito forte pela Suely, espécie de amor platônico, que nunca se transformou em relação afetiva. Lembro também da Luiza Garlippe ("Tuca"), de Araraquara, enfermeira do Hospital das Clínicas em São Paulo, casada com outro guerrilheiro, o Pedro Alexandrino ("Peri"). Lembro do Ribas, do meu destacamento, que conheci antes no Congresso de Ibiúna. A Walkíria ("Walk") e o Idalício ("Aparecido"), de Minas Gerais, tocavam muito bem violão. À noite, quando estávamos sozinhos no acampamento, eles tocavam e a gente cantava um pouco.

56

O ser humano no limite

Disciplina e hierarquia são questões muito importantes na guerrilha. Como equacionar tais questões numa microssociedade premida pela urgência, como é uma guerrilha, sem descambar para o autoritarismo? Em nosso caso, os comandantes de destacamento eram avaliados e indicados pela Comissão Militar. O Osvaldão se destacou muito, era um dos nossos melhores comandantes. Foi ele quem abateu um militar no primeiro combate da guerrilha, tinha liderança política e militar, coisas que não podem ser divididas.

Quando aconteciam problemas de comando, orientação e agregação, havia um foro próprio para fazer o balanço. A gente não questionava o comando, mas fazíamos a avaliação. Alguém que deu o grito de comando, alguém que deu o tiro, isso discutíamos e avaliávamos, inclusive diante do comandante ou de quem deu o tiro.

A transparência na guerrilha deve ser radical. Não há como não ser transparente quando você está completamente dentro da situação. Você sai de uma ação e tem que conversar sobre ela: "Ô, meu, o tempo do tiro foi errado; a camuflagem foi malfeita...".

A hierarquia, por mais forte que seja, não esconde o mérito. As mulheres, por exemplo, não tinham esse problema do machismo, porque, como tudo era igual, não havia diferença de escolha, de oportunidades, de mochilas, de andar na selva... O que um fazia os outros faziam. Os homens depunham o seu machismo por uma única razão: a ação militar, regular ou de guerrilha, coloca o ser humano no limite. Na ação militar acontece a fusão de sensibilidade, intuição, habilidade e senso de oportunidade. Na arte militar tudo isso se junta. A arte militar é a que mais exige do ser humano. Na hora que você vai comandar uma ação, tem que ter muita frieza e determinação, não pode vacilar. Um líder, um comandante, precisa ter esses atributos. Acontecia de, antes de determinada ação, alguma companheira dizer: "Olha, vou comandar essa ação porque atiro melhor e não porque sou mulher". E todos aceitavam aquele comando, objetivando o melhor resultado para a operação.

57

Cirurgia com lâmina de gillette

Acima do Osvaldão, comandante do meu destacamento, meu contato com a direção da guerrilha se dava por meio do comandante Maurício Grabois, que integrava a Comissão Executiva e o Comitê Central do PCdoB, um camarada muito culto, que conhecia como ninguém a história do Brasil e era muito querido. Ele brincava com os companheiros e com isso conquistava a benquerença de todos. O genro dele, o Zé Carlos, era também um camarada muito legal.

Também conheci o João Carlos Haas Sobrinho, o nosso "Dr. Juca", que nos orientava nos treinamentos, pois tinha feito curso na China e conhecia a medicina de guerra. Admirava-o por isso e também porque ele ajudava a salvar as pessoas do lugar.

Certa vez, como era muito comum, uma mosca varejeira entrou no ouvido de um companheiro do lugar. Entrou e foi comendo a carne desse companheiro, pois a varejeira entra e vai soltando seus ovinhos. Dor violenta sentiu o rapaz e começou a ficar tonto. O que fazer? Pusemos creolina com tabaco no ouvido do coitado e fomos tirando os bernes que iam morrendo. Quando Dr. Haas Sobrinho chegou, dois dias depois, disse que fizéramos o certo. Se tivéssemos demorado mais um dia, o rapaz teria perdido a audição e até talvez morrido.

No Araguaia acontecem várias espécies de malária. O Osvaldão teve o azar de pegar logo a malária mais braba, a *falciparum*, que causa febre de 40 graus ou mais e isso pode até matar uma pessoa. Como estava muito debilitado, eu e o Ribas tivemos que lhe aplicar quinino e soro. Sofremos para injetar a medicação no braço do Osvaldão, não encontrávamos a veia e acabamos pondo uma dose cavalar de quinino no soro. Conseguimos, mas foi um sufoco. O "bula", como o povo chamava a todo aquele que medicava, não estava no acampamento naquela ocasão. Por que bula? Por causa da bula do remédio. No caso, o bula era o companheiro Haas Sobrinho. Suamos, mas o Osvaldão escapou.

O Haas tinha muito carisma. Houve um episódio em que o bebê morreu na barriga de uma mulher durante o parto e esta ia também morrer. O pai, desesperado, veio até nós e clamou: "Me ajudem! Minha mulher vai morrer, porque estava tendo o neném e o neném morreu durante o parto". João Haas disse ao pai: "Posso fazer essa cirurgia com lâminas de gillette, mas vou me expor". Então a gente criou um jeito de dizer que o Haas era curandeiro, e assim, sem anestesia, com uma simples gillette, ele fez a cirurgia e salvou a mulher. Esse camarada era fantástico. Ele disse: "Peço permissão do comando para fazer a cirurgia, porque assumi o compromisso de Hipócrates de salvar as pessoas, contudo, se decidirem ao contrário, eu cumpro. Mas quero a decisão". O comando deu a permissão e ele salvou aquela mulher.

Pesquisamos a história do João Carlos Haas Sobrinho e soubemos que era um dos grandes médicos do Hospital das Clínicas, em São Paulo. Ele se destacou quando fez o curso de medicina de guerra na China. Era frio, equilibrado, alegre, de imenso valor e temido pela ditadura. Por seus feitos humanitários, fizera-se muito querido e tornara-se um mito para a gente sofrida da região, tanto que, quando o mataram, expuseram seu corpo em praça pública, para que todos o vissem e crescem que ele havia morrido.

Essas coisas eram muito fortes na guerrilha. A Tuca morava com sua família em Araraquara e veio para São Paulo, onde foi enfermeira do Hospital das Clínicas. Com essa expertise também fazia partos, porque, lá, muitas mulheres morriam no parto, e os homens, por sua vez, morriam de leishmaniose e malária. Morria-se também de picada de cobra, mas em menor número, pois já havia soro antiofídico, vendido em mercearias supridas pelos "regatões", comerciantes que subiam os rios em seus barcos, vendendo coisas — sal, açúcar, anzol, pano...

58

Mais preparados para morrer

Fazíamos certos treinamentos em grupos de 2, 3 e 7. Quando a gente fazia treinamento com 21 elementos significava que se juntavam os três grupos. Nessas ocasiões, o treinamento se dava na selva mais distante. Lembro que na passagem do ano de 1971 para 1972 fizemos um evento no meio da selva dando vários tiros para o alto, recitamos trechos do poema *I-Juca Pirama*, de Gonçalves Dias, e cantamos a "Internacional Socialista" e "Apesar de você", do Chico Buarque de Holanda. Encerramos a festa com um lauto churrasco de porco queixada que matamos para a ocasião.

Queixadas andam em bandos de cem, duzentos elementos. Você escolhe um e atira com o revólver, matando às vezes dois, três e até mais porcos de uma só vez. Queixada tem grandes presas e bate o queixo produzindo um barulho que se ouve longe. Parece um javali originário da África, só que menor. Uma manada de queixadas é coisa assombrosa, como se um carro de guerra ou uma tropa atravessassem a selva. Já o caititu, é pretinho, menor e mais rápido do que o queixada. A capivara vive no alagado e é mais fácil matar.

Nossa casa ficava na beira do Rio Gameleira, morada de capivaras. Certa vez, matamos uma capivara. Deu trabalho para comer a danada, pois precisa tirar uma glândula muito fedorenta que ela tem em cima do lombo. O companheiro encarregado de tratar da capivara disse: "Glândula coisa nenhuma, vou é comer assim mesmo!". Comeu e se deu mal.

Conto essas coisas para se ter uma ideia de como a vida coletiva na selva bruta é muito rica em experiências. A geração da guerrilha — isso vale também para a guerrilha urbana — era uma geração, digamos assim, libertária, revolucionária, desprendida, abnegada. A resistência à ditadura é um exemplo de abnegação e solidariedade ao povo explorado e oprimido. Claro que essa geração vinha marcada por uma formação muito forte, humanista. Acho que é correta a afirmação de que, no caso do Araguaia, os companheiros estavam mais preparados para morrer do que para matar. A autodefesa, a resistência, a própria morte como um sacrifício, autoimolação, eram mais concretas, para aquela geração, do que matar. Isso, no limite, pois havia momentos em que tínhamos que tomar decisões. No caso do Mineiro, que conheci muito bem porque era do meu destacamento, soubemos que antes da guerrilha começar era um matador e atirava muito bem, por isso não podíamos correr o risco de ele atirar em algum guerrilheiro. Fizemos uma operação de cerco e, num momento em que ele estava sem sua arma, encostamos nele e ordenamos: "Queremos que deixe esta casa porque você significa uma ameaça para as pessoas, tem que ir embora". Com um 44 encostado ao pescoço, ele disse: "Bom falar com gente educada". E foi-se embora, mas, ao começar a guerra em abril de 1972, passou a trabalhar para o Exército e acabou sendo um dos justiçados.

Havia muitas figuras como essa, porém, o que mais atrapalhava a guerrilha era a figura ambígua do lavrador simpático que passava informação sobre a guerrilha ao Exército. Teve um que colocou veneno na comida de um guerrilheiro. Faziam isso por medo da tortura ou por não terem posição política definida.

Convivi com o João Amazonas, "seu Cid", que não ficava permanentemente no Araguaia, ia e saía. Legalmente, para o público, seu Cid era sócio do Osvaldão no empreendimento que este dirigia, e eu era seu sobrinho. Convivi também com o Ângelo Arroyo, mas só o ouvia, pois ele era meio fechadão. O líder máximo da guerrilha foi o Maurício Grabois, mas quem mais se destacou foi o Osvaldão.

Depois de 1972, tive apenas uma reunião com o João Amazonas, já em 1979, depois da Lei da Anistia e do retorno dos perseguidos políticos do exílio. Nessa época, eu já estava explicitando divergências com o PCdoB e me inclinando a ir para o PT, que estava em processo de formação. Também já fazia uma avaliação de que o PCdoB tinha que realizar uma avaliação e prestar contas do que aconteceu na guerrilha. Essa conversa com o João Amazonas foi muito tensa, muito mesmo, praticamente de ruptura, porque ele não aceitava as minhas opiniões e nem o fato de eu externá-las, o que ele considerava uma traição, e, somando-se a isso, o mais grave, para ele, era eu ir para o PT. Por causa disso, durante certo tempo, o PCdoB me hostilizou. Não digo que o PCdoB mentiu ou usou as pessoas e as famílias dos guerrilheiros desaparecidos, porque as famílias queriam encontrar seus familiares lá. O PCdoB não estava errado em dizer que era o partido da guerrilha, pois a guerrilha foi composta por seus militantes. Mas o PCdoB fez da defesa da guerrilha um trufo político para se cacifar, crescer e ser legalizado.

Quando começaram as caravanas para localizar os corpos no Araguaia, cheguei a defender junto às famílias e aos advogados — e isso também foi motivo das divergências — que a gente devia separar da militância política os direitos humanos das famílias de procurarem os corpos de seus entes queridos e processarem os agentes do Estado. O Luiz Eduardo Greenhalgh e outros advogados fizeram parte desse movimento e defenderam as famílias. Penso que quando a guerrilha foi derrotada, o PCdoB deveria ter feito uma prestação de contas à sociedade contando o que tinha ocorrido de maneira real, pois afirmar a história do Araguaia era uma maneira de defender o heroísmo, a bravura, a generosidade e o desprendimento dos guerrilheiros, uma homenagem a todos os que tombaram. Deveria apoiar a reivindicação legítima das famílias em recorrerem aos instrumentos jurídicos para localizarem os corpos, bem como fazer uma avaliação crítica da experiência, prestar contas e homenagear aos que entregaram suas vidas pela causa. Isso era possível, até porque nem toda a direção do partido sabia do que tinha acontecido e só três da executiva sabiam.

59

Zezinho do Araguaia

Uma experiência daquelas, que resultou na morte de dezenas de companheiros, não foi uma decisão dos órgãos plenos do partido. Os que tomaram as decisões saíram pela tangente. A concepção de luta do PCdoB, de sua linha política baseada no centralismo democrático, era muito autoritária, imposta, verticalizada. Propusemos, eu e os companheiros que depois formamos o PRC, uma conversa que tivesse como ponto de partida a avaliação da experiência da guerrilha. Não recebi nenhuma cobrança, até porque relatava o que sabia e o que tinha caído. Eu não tinha diretamente nenhuma responsabilidade. A minha responsabilidade foi, ao ser preso e identificado como Genoino, ter falado que estava lá e reconhecer companheiros que estavam lá, mas não havia problema em reconhecer, porque o companheiro já estava lá e os locais onde eu andava foram queimados. Nem que eu quisesse saberia dizer onde estava a guerrilha. Nenhum dos depósitos que eu conhecia foi descoberto. Isso me dava certa tranquilidade, mas o fato de eu ter admitido meu nome verdadeiro, o fato de ter admitido a minha militância, o fato de ter admitido a minha relação com os companheiros do Araguaia, aquilo me perturbava a cabeça, e essa perturbação era acrescida com as cobranças do PCdoB.

Quando eu falava para as famílias que provavelmente seus familiares tinham morrido na guerrilha, o pessoal do partido dizia: "É, mas você sobreviveu". Carreguei esse peso nas costas por muito tempo, e isso me botava numa certa defensiva, o drama pessoal se dividindo com pesadelos, uma tortura. O problema era colocado pelos torturadores e pelos companheiros. Não pelos guerrilheiros. Sou muito grato, por exemplo, ao Zezinho do Araguaia, companheiro que sobreviveu. Foi ele quem retirou o Ângelo Arroyo de lá. O Zezinho tem uma relação de muita confiança e solidariedade comigo. Éramos do mesmo destacamento, o destacamento B, eu de um grupo e ele de outro. Como outros companheiros do meu destacamento não foram presos, não tenho como avaliar. Do meu destacamento, além de mim e do Zezinho, sobreviveu um companheiro, o Glênio Fernandes de Sá, que foi preso porque estava perdido e ficou vários anos preso e anos depois, em 1990, morreu num acidente de carro muito suspeito. Recentmente, foi homenageado com o filme "O pastor e o guerrilheiro".

O Zezinho do Araguaia é um camponês típico, que se adaptou de tal maneira que virou camponês. Veio do Pará e esteve nas lutas camponesas das décadas de 1950-60. Foi um dos primeiros militantes que fizeram treinamento na China e um dos primeiros a irem para a região do Araguaia. Quando, em 1996, o jornal O Globo publicou a fotografia da Maria Lúcia Petit enrolada num plástico e a minha debaixo de uma árvore, aconteceu um ato na Câmara dos Deputados e o Zezinho apareceu. Eu estava lá e ele me chamou a um canto e disse: "Sou o Zezinho do Araguaia". Há tanto tempo que não nos víamos mas o reconheci imediatamente. "Vou te chamar de Gera", disse-me ele, porque meu nome de guerrilheiro era Geraldo. Foi emocionante. No dia seguinte, ele foi almoçar na minha casa. Ele disse: "Vou à sua casa, mas vamos marcar um ponto, você me encontra na rua".

Houve outra cena muito interessante. O Zezinho foi ao meu gabinete, na Câmara dos Deputados, e eu o ajudei, através de Emenda Parlamentar, a iniciar a construção de um monumento aos guerrilheiros na cidade de Xambioá, o qual, por sinal, não chegou a ser inaugurado porque os trâmites não foram cumpridos rigorosamente e ameaçaram processar, injustamente, o Zezinho, o qual, na guerrilha, sofreu muito e arriscou sua vida muitas vezes, porque era ele quem retirava pessoas da guerrilha. Tirou a Criméia, que estava grávida, e o Ângelo Arroyo. Era uma pessoa muito viva, perspicaz, um camponês muito cuidadoso, que conhecia muito bem o território, porque já era da Amazônia. De vez em quando a gente se encontra; é um camarada muito simples. Certa vez, chegou ao meu gabinete e, de um jeito só dele, disse aos assessores: "Olha, sou o Zezinho, comandante das forças guerrilheiras do Araguaia. Prestem continência pra mim. Eu presto pra vocês". E prestou continência. Ficou 24 anos clandestino e hoje mora com a mulher dele em Goiânia e às vezes em São Paulo; está com a saúde debilitada; fez, inclusive, cirurgia no coração. A Criméia e outros sobreviventes da guerrilha não eram do meu destacamento.

60

Lei e ordem

Na minha relação com os militares, depois de ter sobrevivido à guerrilha, à prisão e à tortura, estabeleci dois limites. O primeiro limite foi o que vivi com o Curió e o atual presidente (Bolsonaro). "Vocês defendem a tortura e a morte; não me relaciono com vocês. Silêncio mútuo". Há, porém, outra relação possível, que é a relação com os militares com quem me relacionei quando era parlamentar, que não participaram da repressão à guerrilha e nem das outras atrocidades praticadas pela ditadura militar de 1964; estes são da mesma instituição, mas não podem ser responsabilizadas pelo que os outros fizeram. Não é possível a relação com uma pessoa que torturou e matou companheiros, mas é possível com a pessoa que defende uma ideologia. Faço a diferença entre a ação e o pensar.

Nas reuniões das quais participava com militares, eu dava as minhas opiniões de maneira muito sincera e eles me respeitavam. Pelo fato de ter participado da guerrilha e ler muito — em livros, apostilas, resumos — sobre conflitos bélicos e ter trabalhado no parlamento com temas militares, o estudo da questão militar enquanto atividade singular, especial, do ser humano, atrai-me. A questão militar é um tema que me faz bem. Passei a defender mudança institucional nas Forças Armadas, que são formadas sob a égide de uma visão autoritária de um poder moderador, de tutela, de ser uma casta dentro do Estado, com total autonomia para dizer e fazer ou não fazer o que quiser.

A subordinação das Forças Armadas ao poder civil, prevista na Constituição federal, até hoje não está solucionada. Há, por outro lado, um elitismo social e econômico, verdadeiro funil, quanto ao acesso ao oficialato nas Forças Armadas, cuja origem é marcada pela fusão com o colonizador. Não é por acaso que o Exército considera como data de sua fundação a batalha dos Guararapes, na qual lutaram indígenas, negros e portugueses, em 1657, contra os holandeses. A data de fundação da Marinha, por sua vez, é a da expulsão dos franceses do Rio de Janeiro.

Essa recepção e a complacência em relação ao colonizador português estão muito presentes na formação das Forças Armadas brasileiras, quando estas ainda eram milícia, no Primeiro e Segundo Impérios. Organizaram-se mais profissionalmente como Exército a partir da Guerra do Paraguai, com uma formação autoritária baseada no conceito de poder moderador, consubstanciado no famoso artigo que defende a Lei e a Ordem. Lei e Ordem é tudo. O que é Ordem? É a ordem capitalista. O que é Lei? É qualquer coisa que dê poder de intervenção.

Quando as Forças Armadas se formaram, no período da influência dos franceses, surgiram "jovens turcos", os oficiais, que estagiaram em unidades do exército imperial alemão, entre os anos de 1906 e 1912, de onde saiu o tenentismo. O Brasil sempre buscou uma dependência na formação e valorização militar, primeiro foram os franceses, depois vieram a Revolução de 1930, a Segunda Guerra Mundial e a hegemonia norte-americana. Os militares adotaram os conceitos de "guerra revolucionária", "inimigo interno" e "garantia da lei e da ordem" a fim de montarem um aparato de inteligência e repressão dentro das Forças Armadas, que o governo da ditadura de 1964 pôs em prática durante 21 anos e voltaram com o desgoverno do "inominável" (Jair Messias Bolsonaro).

Micheas Gomes de Almeida ("Zezinho do Araguaia", 2022)

61

Ledo engano

A Marinha me condecorou pelos serviços prestados no período em que fui deputado constituinte. A Aeronáutica me condecorou com a Medalha Santos Dumont. O Exército, pelas mãos do ministro Nelson Jobim, concedeu-me a Medalha da Vitória. Mas, ao ser condenado no processo do mensalão, retiraram-me as três medalhas. Telefonaram e eu disse para eles: "Quem dá toma. Eu não pedi". Numa delas houve protesto do subprocurador-geral Eugênio Aragão.

A esquerda brasileira nunca tratou a questão militar com a profundidade necessária; guardou ilusões em relação à questão militar imaginando o surgimento de um chefe militar revolucionário, talvez sugestionada pelo que representou o tenentismo de Luiz Carlos Prestes ou o heroico voluntarismo de Carlos Lamarca na época da resistência armada à ditadura militar de 1964, ou esperando o aparecimento de um general legalista ou nacionalista.

A esquerda brasileira, no fundo, sofria uma espécie de dependência de uma saída pelo lado militar. Ledo engano. A saída deve ser construída pela soberania popular, pela ação das massas do povo, sem a ilusão de que se vai ganhar os militares para a esquerda, pois militar é funcionário do Estado, que deve cumprir as regras do regime político democrático, subordinado ao poder civil, ocupando-se das tarefas da defesa externa sem se meter em assuntos internos. Essa é a posição política correta.

Durante muito tempo a esquerda alimentou ilusões em relação ao tenentismo, à resistência amada e aos movimentos legalistas. Dou um exemplo: o marechal legalista Teixeira Lott, que concorreu à presidência da República nas eleições de 1960 pela coligação PTB-PSD. Outro exemplo: o general Euler Bentes Monteiro, candidato à presidência da República na eleição indireta de 1978, pelo MDB, numa frente de oposição à ditadura militar. São ilusões, espécie de dependência ideológica e cultural de uma autoridade máxima. Dois equívocos.

A esquerda precisa ter um projeto de sublevação popular, de organização do povo e não de um salvador da pátria, fardado ou não. Essa visão é transposta para o sistema de Justiça. É muito comum a esquerda exaltar o juiz progressista, o juiz de esquerda, o procurador de esquerda. Outro equívoco. Foi isso que gerou o mensalão e a Lava Jato... Tem a ver com essa visão de você confiar numa força suprema situada lá em cima.

62

Eleição e mobilização

A questão bélica tem que estar subordinada à questão política. Considerações bélicas não devem se sobrepor à política. Quando digo questão política, pergunto: quais as classes interessadas em mudanças profundas, quais partidos podem ser instrumentos para essas mudanças e quais as ações que devem ser realizadas? Não adianta realizar ações "de vanguarda", isoladas, assim como não adianta realizar ações de mera institucionalização. Ou se constroem ações de massa, do povo organizado em multidões de milhões e milhões de pessoas, ou não se tem força para transformar as estruturas sociais injustas, principalmente com os dispositivos de informação, tecnologia e armamento que as forças repressivas dispõem, que nem se comparam com os que dispunham na época da luta armada. O nível de controle, contrainformação, inteligência, acompanhamento e mapeamento é mais amplo e intenso. Só temos um caminho para derrotar o poder político dessa direita violenta e protofascista: realizar uma ação política que envolva a formação, a organização e a mobilização das massas do povo trabalhador e excluído. Esse caminho pode ser feito por várias vertentes: desde as experiências comunitárias, as experiências sindicais, as experiências de greve, as experiências de eleições, a experiência de orçamento participativo, as experiências de escolas de formação, construindo um sistema de rede com certa horizontalidade e territorialização que eleve o povo à posição de protagonista e sócio de uma alternativa revolucionária.

O grande desafio, portanto, é criar uma alternativa programática, política e estratégica revolucionária. Em face do crescimento do neofascismo e da necessidade de transformação revolucionária, o programa, a tática e a estratégia devem levar em conta o imediato, o médio e o longo prazo. As reivindicações emergenciais da população devem ser atendidas. O direito à desobediência civil e a sublevação, quando as regras da democracia são rompidas unilateralmente, deve ser garantido. Não se deve criar um instrumento de autodefesa isolado da população, dando margem à ação dos provocadores. Necessário realizar ações de massa, grandes mobilizações que ofereçam um sistema de proteção das ideias mais conhecidas e de rejeição da provocação dos infiltrados, o que implica um grau de organização mais sofisticado das mobilizações.

Não se deve fazer mobilização como se fosse um mero evento espontâneo das massas. Vamos fazer um grande comício? Há que ter equipe de segurança, para olhar o local, como vai ser e quais os riscos. A luta de massa, com essa nova direita violenta em ação, exige que tenhamos um mínimo de preparo. Trabalho com a ideia de que o processo de transformação econômica, social, política, ideológica e cultural envolve rupturas seletivas ou globais, que dependem da correlação de forças. O melhor preparo, no enfrentamento contra os fascistas, é se apresentar ao combate com muita gente, pois os fascistas são como um bando de hienas covardes, que só vêm quando é para pegar uma pessoa isolada ou grupos pequenos. Há que combinar ação no plano legal e ação no campo político.

A luta de massa e a revolução não dependem de um plano técnico; vão sendo construídas conforme as condições e as necessidades concretas. Se houver uma ameaça concreta, há que atuar primeiramente no plano legal, para colocá-los na defensiva. Mas não se pode cair no acovardamento. As manifestações devem ser realizadas com um bom nível de organização e preparo, a fim de que não se tornem reféns do inimigo. A preparação, hoje, deve ocorrer nos campos da política, mobilização e formação política. Temos que romper com a ilusão que as pessoas têm em eleições; apenas as eleições não resolvem. Temos que ter eleição e mobilização. Temos que investir na formação política, que costuma ser muito precária. As pessoas se formam para ser cabo eleitoral, vereador, deputado, e não para ser militante socialista. Formar um militante socialista é algo muito difícil, que requer cursos políticos, escolas de formação, como a escola do MST. Esse é o caminho.

O protofascista é um covarde que tem duas facetas. Há aqueles que ameaçam, mas não vêm. Agem para criar o medo do medo. E há os violentos, homicidas. As lideranças mais conhecidas precisam de proteção. Filmar e documentar tudo. Ao detectar crimes, separar o que é atitude criminosa do que é liberdade de opinião. E não vacilar. Criar todos os constrangimentos jurídicos e políticos possíveis, mas jamais sair das ruas; não deixar as ruas livres para eles.

63

Um bode na sala

Fiz palestra no Comando do Estado Maior das Forças Armadas, em Brasília. Estive face a face com generais e coronéis, mas eles nunca tocaram no assunto das mortes e torturas. Mantinham a postura institucional, muito séria e circunspecta que eu também mantinha. Até admitiam que houve excesso, numa "guerra suja" em que tudo se admitia.

O conceito de guerra suja foi incutido na cabeça dos militares e funciona como uma espécie de auto-anistia. Para eles, qualquer coisa que se fale e que soe como denúncia das atrocidades que cometeram já é "revanchismo".

Há uma mistura de memória com ressentimento — temos que separar essas coisas. Na própria Comissão da Verdade, de cujo projeto de implantação participei, eu e outros companheiros dissemos a oficiais militares que as Forças Armadas deveriam admitir, com a divulgação do relatório final da Comissão, que houve terrorismo de estado e teria que haver o pedido de desculpa. O representante máximo do Estado, que era a presidenta Dilma, deveria admitir, na frente dos militares e diante da nação, que houve terrorismo de estado e fazer um pedido de desculpa. A Comissão da Verdade não foi responsável pelo golpe que veio a seguir, em 1916. Ela foi importante e necessária. Primeiro, porque pela primeira vez o estado brasileiro investigava suas próprias ações; nunca tinha feito isso. Segundo, a Comissão da Verdade foi usada como "bode na sala". Muita gente disse: "Não tinha que ter". Quer dizer que não pode investigar crime nenhum do Estado? Qual foi a limitação da Comissão da Verdade? O relatório final tinha muitas resoluções interessantes, no plano da formação, no plano da divulgação, no plano da academia, mas faltaram duas questões. Acho que o relatório tinha que ter colocado na boca da Presidência o reconhecimento de que houve terrorismo do Estado brasileiro e que o presidente da República deveria pedir desculpa às vítimas, às famílias das vítimas e à sociedade. Isso seria mais importante do que processar. A esquerda, às vezes, gosta de começar com a vingança. Tem que começar com a memória, a vingança vem como decorrência. Tem quem ache que foi melhor assim, pois, se os militares fossem cutucados, reagiriam. Ora, se reagissem, nós os enfrentaríamos. Militar tem que ser enfrentado. Quando não é enfrentado, ele enfrenta você. Quando não é mandado, manda; isso faz parte da natureza do militar.

Há outros fatores, como o conceito de "guerra cultural", que antecede à Comissão da Verdade (2013/2014), a política do contra o "politicamente correto", que o próprio general Villas-Boas falou: "O Brasil se livrou do politicamente correto", para não levar a discussão sobre racismo, feminismo etc.; e o conceito de "guerra revolucionária", segundo o qual a esquerda e os movimentos sociais fazem uma guerra revolucionária, que é um conceito que vem da Escola Superior de Guerra (1948), daí decorre o conceito de "inimigo interno".

O relatório da Comissão da Verdade foi um bode na sala para que eles pudessem unificar a tropa. Deveríamos ter enfrentado. Deveríamos ter dito: "Vamos investigar os crimes e nominá-los". Ao não fazermos isso, ficamos reféns. Na Argentina os militares golpistas foram enfrentados, criminalizados e punidos, como mostra o filme "Argentina, 1985". O problema é que, no Brasil, aconteceu uma transição pactuada por cima, de 1979 a 1985.

O Brasil banalizou e ridicularizou, a partir do impeachment do Fernando Collor e da Dilma Rousseff, o crime de responsabilidade, ao ser usado como um recurso da oposição para destituir da presidência da República um adversário político. Melhor do que o impeachment é o recurso do plebiscito revogatório. O impeachment tem uma tramitação política, uma espécie de instrumentalização política.

64

Jogado para baixo

Tive meu período de "glória", que vai do processo Constituinte (1987) até 2005. Eu era procurado para dar entrevista no Jornal Nacional da Rede Globo e noutros programas de debates na televisão, chegando a ser presidente do PT, o maior partido da América Latina. Muita gente se aproximou de mim nesse período e depois virou de costas. Mas não posso dizer que alguém se aproveitou de mim nessa trajetória. Ao contrário, eu que me aproveitei, pois me fiz protagonista na cena política nacional ao defender uma política de alianças, flexibilização do programa do PT e a institucionalização. Foi uma escolha que fiz, da esquerda à centro-esquerda. Dei três entrevistas marcantes. A primeira para a revista Playboy, feita pelo Roberto Benevides. A segunda para o Mauro Lopes, na Folha de São Paulo, que originou um livro intitulado *Repensando o socialismo* (1991). A terceira matéria com a qual me identifico é mais recente, 2022, da revista Piauí.

São entrevistas corretas, que retrataram o que eu sou. Tudo que fiz na minha vida fiz porque quis, escolhas conscientes, não fui induzido por ninguém, da guerrilha ao parlamento. Quando faço uma escolha, entro cem por cento, nunca pela metade, vou com tudo. "É pra ir? Então vamos!". Dedico-me totalmente, nunca 30, 40, 50 por cento.

Nunca fiquei à margem do projeto coletivo, inclusive quando estava em minoria no PT e quase fui afastado porque tensionava no começo do governo Fernando Henrique Cardoso, ia no limite, mas não partia para a ruptura, porque sempre trabalhei com a ideia de projeto coletivo. O projeto político não é individual. Ou você leva o projeto político de modo coletivo ou está ferrado.

São marcas da minha formação de camponês que nasceu e cresceu num lugarejo do Encantado, distrito do município de Quixeramobim, Ceará. Marcas da minha formação estudantil, da minha formação 1968, no PCdoB e na guerrilha... Isso para mim foi muito forte. Sempre tive isso. Mas tenho uma dificuldade: se me botarem para resolver um problema administrativo ou financeiro estão perdidos, pois não levo jeito para isso. Essa falta de jeito trouxe-me sérios problemas quando eu estava na presidência do PT.

Não guardo mágoas nem ressentimentos em relação às pessoas que se aproximaram de mim quando eu estava "por cima" e se afastaram quando fui jogado para baixo. Mas tenho memória. Houve pessoas que, na fase da glória, dizendo-se amigas, me defendiam e compartilhavam, mas, quando eu caí, se distanciaram, no Judiciário, no Parlamento, no PT. Havia um que eu considerava meu grande amigo, esteve clandestino e amargou pena e cadeia comigo; estivemos juntos no PRC e no PT. Quando estourou o mensalão, ele sabia como dois mais dois são quatro que eu não tinha nada a ver com aquilo, sabia que era Caixa 2 e não mensalão; disse que era uma injustiça eu estar pagando pelo que não cometi.

Tive também decepção com a imprensa. Além de ser fonte, além de dar matéria, além de me dispor a dar entrevista, eu era amigo de alguns jornalistas e algumas jornalistas, até ia às suas casas, mas, quando estourou a denúncia, lavaram as mãos ou atiraram em mim. Todos eles: de O Globo, do Estadão, da Folha de São Paulo... Deixei de escrever no Estadão por causa disso e não aceito falar para os canais de televisão. Só atendo os blogs alternativos.

Em compensação, tenho um grupo de amigos que permaneceram muito leais: Nelson Jobim, Miro Teixeira, Sigmaringa Seixas e José Serra, o qual, em 2005, quando eu era candidato ao governo de São Paulo, disse que era um exagero me chamarem de "mensaleiro", mas o que ele fez com a Dilma em 2010 não foi correto. Quando cruzei com ele em 2010, depois da campanha, eu lhe disse: "Você não podia fazer aquilo que você fez com a Dilma, sobre o aborto e o terrorismo; pela sua história, não podia fazer isso". E nunca mais nos relacionamos.

Quando a verdade vem à tona e ocorre o desfeito, essas pessoas ficam na defensiva. Encontrei gente do povo que me apoiou e gente do povo que me condenou e agora pede desculpas. Teve um cara que, no pico da minha desgraça, foi muito correto comigo. Quando o livro *Escolhas políticas* foi lançado, O Globo publicou uma matéria contra ele dizendo que o livro tinha sido lançado e premiado pela Biblioteca Nacional por influência do governo. No meio disso tudo, o Roberto Requião convidou-me para vir lançar o livro em Curitiba e eu vim. O lançamento aconteceu num bar, em 2007, onde a TV pública fez uma entrevista comigo, e, depois da entrevista, quem me levou ao aeroporto foi a Andréa Caldas e o marido dela, que conheci nessa ocasião.

Fui vítima do jornalismo podre do CQC e do Pânico. Fui a um bate-pronto no programa Roda Viva que foi barra pesada, um massacre. Além do companheiro Paulo Markun, lá estavam Merval Pereira, Eliane Castanhêde... Tenho até hoje na minha parede uns quadros que o Paulo Caruso pintou dos momentos decisivos da entrevista.

Wagner, Laís, Guimarães, Laíde e Geovani, irmãos de José Genoino, no Encantado (2023).

65

Debilidade sistêmica

Numa sociedade de contradições e conflitos, dividida em classes, não existe harmonia em definitivo. Há momentos de conflito e momentos de harmonia. Momentos de tensão dialética, de dissenso e consenso. Pense numa sociedade sem conflito. Não daria certo. Portugal durante a ditadura Salazar. Alemanha nazista. União Soviética no período stalinista. Impossível colocar a sociedade humana numa caixa de ferro ou de madeira sem ocorrer o conflito, que está na essência da condição humana. O conflito da política é essencial. Não trabalho com o conceito de guerra. Estou falando do conflito democrático, da confrontação que produz as sínteses. Nos momentos marcantes da história humana acontecem grandes conflitos, que produzem grandes sínteses.

As sociedades humanas não são um eterno retorno. Evoluem. Se analisarmos a história da democracia, como a democracia foi regada à tortura, à guerra e à morte, ela evolui. Mas, se não se dão soluções para o futuro, o conflito retorna. Não existe nada parado no tempo, mas o retorno não é um determinismo. Se apostarmos numa sociedade humana mais avançada, mais plural, mais democrática, com mais direitos, mais justiça, mais igualdade, ela tende à evolução. Mas, para tender à evolução, temos que construir o sujeito político. Quem é o sujeito político numa sociedade? As classes, os cidadãos, os partidos, os conflitos...

Como se deu a substituição da era greco-romana pela era moderna? Na Grécia e em Roma o poder era exercido pelos reis, papas, oráculos, grandes líderes. Na era moderna o poder é ditado por quem? Pela soberania dos de baixo, que delegam aos de cima poder plenipotenciário, que é a soberania popular, a coisa mais radical da democracia.

Popular porque emana do povo. A democracia da antiguidade era muito limitada, era a democracia dos ricos. Sem conflito não teriam acontecido revoluções como a chinesa, a cubana... O não-conflito seria o abafamento. O conflito é a explicitação. O que impulsionou a revolução chinesa? A revolução cultural com seus conflitos.

A esquerda brasileira tem uma debilidade sistêmica. Ela tem que ter um projeto estratégico de futuro. Aqueles pontos do Programa de Reconstrução são um projeto. Projeto é como é que vai se inserir no mundo. Projeto é como dividir a riqueza. Projeto é como organizar o Estado. Projeto é como submeter o aparelho militar ao poder civil. Projeto é como universalizar a educação, a saúde etc. Projeto é como garantir o direito à felicidade material e imaterial. Isso é projeto. Se a esquerda não tem projeto, ela fica tateando em cada eleição. No fundo, o que falta à esquerda brasileira é um projeto estratégico. Temos a necessidade de um projeto, as pessoas pressentem isso. Temos que construir um projeto. Como é que se constrói um projeto? Ouvindo os movimentos sociais. Um projeto não nasce na academia. Nasce do ferro quente das ruas, da luta de classes, onde se fazem as plenárias, as reuniões, os debates que vão fermentando e produzindo as ideias. Com as experiências do governo Lula, a esquerda partidária, social e cultural deveria construir os elementos de um projeto com o qual pudesse dialogar com o governo Lula com base na seguinte relação: "Sou Lula, mas quero. Sou Lula, mas cobro. Sou Lula, mas exijo".

66

Desmantelar o pacto burguês

O Brasil teve, nas décadas de 1940-50-60, elementos de um projeto estratégico — ISEB (Instituto Superior de Estudos Brasileiros), Florestan Fernandes, Anísio Teixeira, Celso Furtado, Darcy Ribeiro... Tinha luzes de um projeto que depois se materializou no programa das Reformas de Base. A ditadura de 1964 tinha um projeto dependente, conservador e autoritário, que se viabilizou a partir do AI-5. Derrubamos a ditadura, mas como, no curso da luta, a esquerda revolucionária saiu derrotada, a ditadura acabou sendo substituída pela direita neoliberal. A crise do modelo ditatorial gerou a divisão no interior da classe dominante. É que quando os instrumentos de decisão não resolvem as divergências, a crise se torna maior do que a unanimidade. Lembrando a frase do Lenin: "Situação revolucionária é quando os de baixo não querem e os de cima não podem". Vamos ser francos, por que o Lula foi inocentado e eleito em 2022? Porque a crise foi maior do que a capacidade de solucionar. Essa é a lei geral. Em sua esteira veio o acaso com o *hacker* de Araraquara, a desmoralização da Lava Jato, as maluquices do inominável, a Covid-19 e o diabo a quatro.

Durante seis anos o Brasil viveu tremendas contradições, porrada pura, tudo condensado. Quiseram abafar, mas não tinha como. A Globo, que entrou de cabeça no golpe de 2016, teve que recuar, porque sua audiência começou a cair. Nesse processo político, o Lula só sairá vitorioso se continuar dialogando com essa força que vem de baixo para cima, do contrário estará perdido. Se deixar de dialogar com essa base social excluída, ficará isolado, ele e o PT.

O problema do Brasil é que temos uma crise histórica em nossa formação política, cultural e ideológica. O Brasil tem uma formação inconclusa. Os países capitalistas fizeram revoluções burguesas, aqui isso nunca foi feito. Países semelhantes ao Brasil fizeram mudanças mais avançadas do que nós — Argentina, Venezuela, Chile. Aqui, as mudanças foram muito conservadoras. A Independência e a proclamação da República, por exemplo, resultaram de conchavos realizados pelo alto, sem participação dos de baixo. O capitalismo, aqui, se viabilizou sem ruptura. O capitalista se associou aos monopólios e ao imperialismo, sem reforma agrária e outras reformas necessárias, resultando esse modelo arcaico, conservador e autoritário. Esse processo oligarquiza as instituições. A chamada Nova República está superada e a Constituição de 1988, de fato, não existe mais. A sexta República foi a Constituição de 1988, que, vamos ser francos, virou um manequim exposto numa loja da moda: só tem aparência, não tem conteúdo. O teto de gastos compromete a Saúde, a Educação, a Segurança e a Previdêncai Social; os direitos e garantias fundamentais foram relativizados com a possibilidade de prisão em Segunda Instância; as Forças Armadas se arrogam o poder de tutela sobre o Estado com base no Artigo 142 da Constituição Federal; o modelo de relação com o imperialismo foi totalmente adulterado pelo conceito de "empresa brasileira", bastando que esteja instalada em território brasileiro — antes, empresa brasileira era aquela instalada no Brasil com maioria de capital pertencente a brasileiros. E, finalmente, os avanços na questão das terras indígenas e do meio ambiente foram inteiramente relativizados. Se espremermos a Constituição não sai nada. Por isso tem que haver uma nova Constituinte, no futuro, não agora, mas quem vai definir a hora é a correlação de forças, que, agora, é desfavorável para as forças populares.

Mas não podemos nos limitar ao mínimo para "evitar o pior". Temos que criar as condições para que um novo arranjo constitucional para o país possa ser realizado, porque o arranjo de 1988 já não dá conta do recado. Há, no entanto, quem pergunte se uma importante conquista social como o SUS (Sistema Único de Saúde) sobreviveria aos ataques dos que especulam com a vida da população, caso se instaure um novo processo Constituinte. Difícil responder a isso. Depende da luta. Mas pergunto: como é que justifica o governo de transição ficar discutindo se tem que ter um aperto de emergência para garantir o Bolsa Família? E a "Constituição cidadã"? A hora de ter uma nova Constituinte pode ser discutida, mas depende da correlação de forças; a necessidade é uma questão de conteúdo e está mais do que pacífica. A correlação de forças, por sua vez, depende da intensidade com que se trava a luta. As pessoas retiraram a tutela do Estado da correlação de forças, mas esta não é estática, a toda hora pode ser modificada. A intensidade com que se trava a luta é uma escolha que se pode fazer. Se o governo se firmar e ficar bem avaliado, Lula se consolida e faz seu sucessor, criando-se as condições para que o pacto burguês antidemocrático e intrinsecamente autoritário seja desmantelado, dando-se um passo a mais rumo aos objetivos estratégicos.

José Genoino e Rioco Kayano (São Paulo, 2022)

Este livro foi composto na tipologia Janson Text 12/18 e impresso sobre papel Pólen Bold 90 gr/m2, na gráfica D'Print Editorial Gráfica, Rua Caetano Pinto, 195, 2º Andar, Brás, São Paulo, SP, para as editoras Kotter Editorial e Letra Selvagem, em maio de 2024.